皮书研究系列（三）

皮书与中国话语体系建设

PISHU AND THE CONSTRUCTION
OF
A CHINESE NATIONAL DISCOURSE

主　编／谢曙光

副主编／蔡继辉　吴　丹

社会科学文献出版社
SOCIAL SCIENCES ACADEMIC PRESS (CHINA)

目 录
Contents

品牌战略与数字化篇　　　　　　　　　　　　　　 / 197

附　　　录　　　　　　　　　　　　　　　　　　　 / 261

前　言

从最初一个出版社的学术产品名称到媒体和公众使用频率极高的热点词语，从专业术语到大众话语，从官方文件到独特的出版形态，近二十年来，作为重要的智库产品，"皮书"的概念不断延展，"皮书"的种类更加丰富，"皮书"的功能日渐完善。截至2016年3月，社会科学文献出版社累计出版皮书1963种，累计发布研究报告50000余篇。皮书已经成为智库报告的主要形式，是同一主题或同一机构智库报告的聚合，并逐渐成为智库建设的"标配"。

把我们正在亲历的今天放到历史长河中畅想一下，我相信，在百年后世，当人们回头来研究21世纪初的中国史、中国智库建设史、中国出版史，"皮书系列"图书及其所打造的当代中国研究的数据平台都是一个无法绕过的"事件"。作为"皮书"的出版者和操盘手，我不仅关注每一本皮书的影响力，更希望能够把更多皮书课题组的写作经验、平台建设经验积累下来，分享出来。基于此，以"皮书"这一独特的出版形态为研究对象，探寻智库类研究报告的出版规律、研创标准，为中国智库建设、智库产品研究出谋划策，为中国学术传播史、出版史留下一些值得后世参考的智慧的果实，这正是"皮书研究"系列丛书出版的初衷。

如今，这套"皮书研究"丛书的第三本即将付梓，作为这套丛书的主编和主要作者，不仅欣喜，更有很多感慨。"三"这个数字在中国传统文化中具有博大的内涵，正所谓"一生二，二生三，三生万物。"我经常在皮书发布会上会发出一个感慨，人生很多事儿会有"七年之痒"，而对于皮书创作来说，跨过一个持续研究的坎儿需要三年，如果能够坚持迈过皮书研创的"三年之痒"，则一本皮书的创作将能够带来一个平台的美好未来。祈愿"皮书研究"此后也能一马平川！

本书的主题是"皮书与中国话语体系建设"。习总书记在2013年全国宣传思想工作会议上指出，要加强话语体系建设，着力打造融通中外的新概念、新范畴、新表述，增强在国际上的话语权。今年的"皮书研究"选择这样一个主题，也是契合了当下哲学社会科学研究的一个重要使命，那就是：植根中国，面向世界，开放包容，融通中外，努力构建充分体现中国特色、中国风格、中国气派的哲学社会科学话语体系，增强中国学术的国际话语权。本书旨在探讨皮书研创平台作为智库，皮书作为智库产品，在中国话语体系建设、参与国际话语体系构建中所起的作用。

皮书系列发展到今天，不仅浇筑了出版社大量的心力，我们的合作者——400多家智库机构（皮书研创单位）更是付出了令人难以企及的毅力和坚持，与我们共同培育了300多种持续发布的权威智库报告。正如我在"皮书研究"系列丛书第一本《皮书研究：理论与实践》的前言中所述，皮书不仅是社会科学文献出版社的图书品牌，而且是"成为中国社会科学院的学术品牌，并逐渐向中国社会科学成果知名发布平台和世界了解当代中国的重要媒体库演进！"

这两年来，以皮书系列产品为主体资源的"皮书数据库"取得了长足的发展。截至2016年3月，皮书数据库资源总量包括4544本图书，95000篇专业智库报告；总字数达到21.3亿字；目前，使用皮书数据库的专业机构（含各类智库机构）共计1093家，其中，海外机构超过100家；点击量累计达到64万余次。皮书数据库已经成为研究中国现当代问题的学者和机构必不可少的参考材料。其海外使用机构包括大学图书馆，如哈佛大学、普林斯顿大学、伯克利大学、斯坦福大学、杜克大学、约翰布鲁金斯大学、牛津大学等大学的图书馆；高级智库，如美国国会图书馆（为美国各级政府提供公共及外交政策领域全方位咨询服务的研究机构）、美国外交政策委员会等。这也标志着皮书已经进入国际知名学术出版产品行列。

"皮书"二十年来的发展，离不开中国社会科学院各位领导、学者，尤其是全国政协原副主席陈奎元、院长王伟光、原副院长李扬、副院长李培林、副院长蔡昉的全心投入与大力支持，离不开国家新闻出版广电总局原副局长邬书林十几年如一日的关心与爱护，离不开全国哲学社会科学规划办公室的长期关怀和关注，更离不开每一位皮书研创者的呕心沥血、兢兢业业，在此，向他们致以诚挚的敬意和谢意。

本书正文共25篇文章，分为专论篇、皮书与智库建设篇、皮书研创篇、皮书编辑与评价篇、品牌战略与数字化篇五个部分。书中既有中国社会科学院等主管单位领导对皮书未来发展的顶层设计与期许，又有实际的皮书运作者分享如何通过皮书讲好"中国故事"，如何通过皮书研创参与国际话语体系建设；既有对皮书内容的二次开发与分析，又有对优秀皮书报告的基本要素与行文特点的探索；既总结了皮书新近的发展现状，更展望了皮书未来的宏图大计。

本书附录集结了关于皮书管理的最新规定，皮书近两年来发展中的大事记，以及最近两年（第六届、第七届）优秀皮书奖的获奖名单，均由皮书研究院统一整理完成。

作为本书主编，我还要感谢蔡继辉、吴丹、张艳丽、丁阿丽、丁凡这几位来自皮书研究院和皮书出版分社的同事为本书的出版、编辑所付出的努力！

愿"皮书研究"系列丛书真正起到抛砖引玉的作用，让更多的优质皮书、更多的优秀智库服务于我们所处的这个需要思想而且一定能够产生思想的时代。

谢曙光

2016 年 7 月于北京马甸

专 论 篇

拓宽视野，提升皮书研究和出版水平

邬书林

经过 20 多年的探索和发展，我国的皮书研究和出版取得了重要进展，为进一步提升我国皮书出版水平奠定了坚实基础。当前，无论是皮书自身繁荣发展，还是国家、社会乃至世界对皮书出版的期待，都到了需要皮书提高层次、提高质量、提高水平的阶段。因此，我们现在应当认真总结皮书研究和出版已有的经验，坚持和巩固一些行之有效的机制和做法，同时进一步拓宽视野，研究国内外皮书的新情况，利用信息技术带来的新机遇，努力提高皮书研究水平和出版水平。为此，我主要讲三个方面的问题。

---

　* 本文根据中国出版协会常务副理事长邬书林在第十六次全国皮书年会（2015）上的讲话录音整理而成。
　** 邬书林，中国出版协会常务副理事长。

一 皮书取得的主要经验和进展

1. 皮书种类齐全能够反映当代中国经济社会的发展现状

第一，从品种上看，20多年来，皮书从过去的1种，增长到现在的400多种。第二，从内容上看，皮书涉及我国经济、社会、文化、金融、法制、医疗、旅游、人才、科技、教育等领域，以及一些国际问题的研究。有反映社会发展的蓝皮书、有研究国际问题的黄皮书、有研究可持续发展的绿皮书等，应该说门类比较齐全。

2. 皮书研究和出版有了比较明确的功能定位

经过20多年的发展，我国的皮书研究和出版有了比较明确的功能定位。第一，皮书能够及时、准确地反映当代中国经济社会的发展状况和一些国际重大问题的研究成果，为国内外研究者提供权威的资料和观点，以推动我国经济社会发展和国际交流，这是皮书的基础功能。第二，在这个过程当中，10多年前，社会科学文献出版社就明确提出了皮书是研究机构的集体产品。以发布智库和研究单位的集体成果来作为它的主要方式。第三，皮书用专家学者的研究成果和当代中国经济社会发展的准确数据去赢得话语权。大家知道白皮书是政府机构发布的，因而权威性强，我们的皮书主要是研究机构，甚至是一些作者共同的研究成果，因此，皮书要靠科学的研究方法、正确的观点和数据资料的权威性去获得话语权。

3. 皮书的研究和出版形成了自身的出版规范和学术规范

这是皮书发展最令人称道的一点。多年来皮书很好地坚持以下四个方面。第一，坚持问题导向。皮书关注经济社会发展的重点和热点问题，并进行专业的分析和评价。这是皮书受到国内外关注的重要原因。研究重要问题、热点问题、基础问题，皮书是首选资料。第二，坚持原创性。皮书要求用第一手资料，这是皮书的生命力所在。第三，强调连续性。皮书以年度为单位持续研究和关注研究领域的现状和趋势，并注重研究成果和研究资料的科学性，为深度研究提供基础性的资料，统计分析的科学性强。第四，强调实证性。皮书是通过统计、实验、调查数据甚至进行模型预测对问题进行分析、评价。

4. 皮书已经形成了研究工作者、出版工作者相互影响、相互促进的运行机制

第一，皮书形成了一支高水平的作者队伍。一批国内顶尖级作者成为皮书研究的中坚，并不断吸引了全国相关领域大批专家的加入，这是皮书发展的核心所在。第二，皮书有了一支懂专业、有追求的编辑出版队伍。皮书出版工作者，作为皮书研究和皮书出版组织者，有自己的学术规范、学术标准、工作流程、工作机制。这一次皮书年会又发布了新的流程、新的规范，希望讨论之后，能够达成共识。第三，皮书形成了研究工作者和出版工作者相互支撑的定期交流制度。皮书年会已经召开了十六次，每次会上都会研究新情况和新问题，努力解决大家提出的问题。研究工作和出版工作相互促进十分重要，中国社会科学院老院长胡绳同志生前有一个观点，认为我们国家的出版水平跟国家研究水平是相互促进的，如果出版水平低，出版没有门槛，会拉低研究水准，因为你不设立高门槛，整个国家的研究水平和出版水平会下降。他特别强调国家重点出版社要设定高门槛来引导整个国家研究水平的提高。

5. 皮书在国内外产生良好的影响力

这里有三个方面是值得重视的。第一，中国社会科学院已经把皮书作为重要的创新成果和重要的数字出版物。第二，国内外许多重要国际会议邀请皮书出版单位参加，皮书出版人已经进入了高水平的国际会议，谢社长就参加了去年的亚洲年会。第三，国内外的重要大学、研究机构已把皮书作为重要出版物收藏。

二 拓宽皮书研究和出版的视野

前几天在西安的一个国际会议上，来了48个美国大学的图书馆的研究人员，他们提供了一个重要信息，过去美国只有6所重点大学有中国汉学研究和中国问题研究中心，现在美国有48所大学设立了研究当代中国问题的学术研究中心。我认为皮书研究和出版应该很好地研究和分析这个现象。这里我讲三点。

第一，这是我们皮书的重要市场。国外的研究中心需要一流的事实数据和分析报告作为他们的研究支撑，皮书要做好这48所大学的推介工作。

第二，这是重要的研究力量。皮书要提高国际水准、提高话语权，光靠自己的研究是不够的，在世界专业出版领域，大家有一个共同的认识，世界只有一个市场，如果你想成为世界第一，那么你就得把世界一流的研究力量聚集在你的旗下。现在有这么多美国大学，这么多研究力量，如果不把他们纳入皮书作者队伍，太可惜了。要拓宽视野，把国际学者纳入进来。我们有没有这个组织能力，有没有这种胸怀？只有这样，皮书才能进入世界一流领域。

第三，要有危机意识。重要研究机构往往都有自己的权威报告、学术期刊。如果皮书不尽早考虑这方面的竞争，现有优势有可能逐步丧失，我们应有这方面的危机感。

三　利用好信息技术革命带来的机遇，提高皮书研究水平和出版水平

习近平总书记不久前在国际教育信息大会的贺信中指出：当今世界，科技进步日新月异，互联网、大数据、云计算等信息技术深刻地改变着人类的思维、生产、生活、学习方式，深刻地展示着世界发展的前景。皮书提升出版水平，要自觉应用信息进步带来的历史机遇提高质量，提升专业出版水平。希望在以下四个方面做出努力。

第一，数字化。现在，在世界专业出版领域，已完成了印刷文本到数字化的转型。专业出版的内容是以数字化发布的。作者和出版者之间的组织过程是数字化的。专业信息的发布、传播、获取、存储都是数字化的。这使人类知识与信息的交流更加便利快捷。

第二，平台化。当下世界重要的研究领域平台化趋势日益拓展。现在研究人员、出版工作者、读者可以在一个平台上及时互动。以学科和专业为基础在网络环境下形成若干科研社区，及时反映科研动态和成果发布，进行信息交流。皮书出版要考虑建好和用好这样的平台。

第三，工具化。现在针对科研人员的需求和出版组织文献出

版的需求，已形成了若干专门服务科学研究和社会科学文献出版的工具。查重、纠错、关注信息进展情况都有专门的信息工具为其服务，极大地方便了研究和文献出版。比如，mandeley 这样的工具。

第四，协同化。与以往研究工作和出版工作主要是个人研究不同，随着研究领域的扩大，多学科项目的增多，学术领域的协同研究，学术研究与社会科学文献出版领域的协同在快速发展。而且，两者之间的竞争与促进也日益激烈。这些趋势都值得皮书研究和皮书出版关注。

把皮书打造成优秀的新型智库产品[*]

李培林[**]

习近平总书记强调要"加强中国特色新型智库建设，建立健全决策咨询制度"。2015 年 1 月 20 日，中共中央办公厅、国务院办公厅发布了《关于加强中国特色新型智库建设的意见》，该《意见》提出，到 2020 年要"重点建设一批具有较大影响力和国际知名度的高端智库"。中央对中国社会科学院的定位是马克思主义的坚强阵地，哲学社会科学的最高殿堂和党中央、国务院的思想库、智囊团。过去，我们就一直在发挥智库的功能，但主要是提供内部报告。"新型智库"的建立提出新的要求，智库不仅是提供一些内部的政策研究报告，而且要在国内、国际发挥智库的影响力，有自己的话语权。因此，我们需要思考，这样定位的智库究竟需要什么样的智库产品？

---

[*] 本文根据中国社会科学院副院长李培林在第十六次全国皮书年会（2015）上的讲话录音整理而成。

[**] 李培林，中国社会科学院副院长。

我希望把我们的皮书变成一种智库产品。据我了解,全世界现在还没有一个国家,有 200 多种皮书报告,在每一个领域都能够如此详细地来描述它的当前状况和发展趋势。我们要利用已有的优势,把皮书精心打造成一种在世界上比较独特的智库产品。所以我们需要研究怎样提高皮书质量,让它能够称得上"智库产品"。我们要从皮书的影响力、话语权、学术含量几个层面来定位。

中国社会科学院编撰的第一本蓝皮书是 1991 年的《中国经济形势分析与预测》,第二本是我参与的《中国社会形势分析与预测》。我记得一开始大家首先探讨什么是"社会形势",因为当时党和国家的文件里讲到经济形势、政治形势、国际形势,从来没有提过社会形势。"形"是现状,"势"是发展趋势,所以我们研究的是社会的发展现状和趋势。"社会蓝皮书"到今天已经有 23 年历史,队伍已经换了好几拨人了。发展到现在,如何才能进一步提高和改进?我觉得有必要仔细考虑这个问题。

一 让皮书成为理解中国道路、中国话语体系的载体

随着我国经济社会的发展,我们也需要提升国际话语权,让人们对中国道路有更深刻的理解。现在国家每年都组织一些知名国际汉学家到中国进行交流座谈。而国际上的汉学似乎有衰落的趋势,因为以前的一些著名汉学家都是研究文史方面的,这些专家的年龄很大了,研究难以为继。但实际上,我认为我们观察这个问题的视角要改变。一方面,国外"汉学"(Sinology)本身

研究文史类的老专家确实在减少；另一方面也要看到，"中国学"（China Studies）的研究者越来越多了。现在研究中国的学问不应再称为"汉学"，而应称为"中国学"。过去，美国只有哈佛大学有中国研究中心，即费正清东亚研究中心，它实际上主要研究中国，是美国近现代中国学研究的先驱。而现在，美国有48所大学都建立了中国研究中心，很多主流学者都参与到中国研究，虽然他们并不一定懂中文。20世纪80年代初，我在国外学习的时候，一个月都看不到有关中国的新闻。当时我觉得我们这样一个泱泱大国在西方国家是被遗忘的。但现在，国际上几乎天天都有关于中国的报道，中国已经不可忽略，已经成为影响世界发展的一个重要力量。从"汉学"到"中国学"，是一个重大的变化，我们要适应这种变化，我们不仅要与汉学家打交道，更重要的是与那些不懂中文的西方主流学者打交道。如果我们到国外各个大学的当代中国研究中心去了解一下，就会知道我们的皮书是他们了解当代中国的重要渠道。

我们要建造属于我们自己的一套语言、概念、命题和话语体系，来提升中国在整个世界的影响力。现在我们有的学者、博士生做研究，都是依据国外研究中国问题的学者提出来的理论和假设，用中国的经验来验证这些理论和假设，以为这样才能与人家对话，这种状况要有所改变。皮书已经在国外出版了英、俄、日、韩、德五个语种80余本，但还远不能满足世界对中国发展认知的渴望，今后我们要利用国际知名出版机构的平台，加大推广力度。同时，皮书也有义务和使命，要把西方传统的汉学推广到中国学这样一个更广阔的议题。

现在我们的话语体系研究，很多仍然局限在阐释"重要意义"这样的讨论，还是没有具体到每个方面、每个学科。我们要弄清楚自己的话语体系到底是什么？是由什么核心概念、核心议题构成的？这些核心概念、核心议题有多少是被国际社会所接受的？

最近中央编译局写了一个材料，分析了语言翻译在话语体系建立中的重要性。其中谈到了在《习近平谈治国理政》这本书的翻译中，英译打破了一些传统的翻译手法，使得国外很容易理解。比如"法治"，过去我们翻译为 rule of law，这是通常的译法，但是人家看不懂。现在他们翻译成 governance based on law，人家一下就懂了，而且成为中国的一个核心概念。

我们这次会议的主题涉及话语体系的建设，所以我们要在这个方面有思考，努力建立起一套自己的核心理念和话语体系，让皮书在国际上有更大的影响力。

二 努力开创新局面，让皮书质量
更上一个台阶

这些年，中国社会科学院已经用了很多心思来提升皮书质量。比如说，组织专家成立皮书学术评审委员会，每年评审优秀皮书和皮书报告，制定了皮书评价的标准和指标体系。中国社会科学院对自己的皮书每年资助 40 种左右，总量上有控制，获得资助的皮书需要竞争，做得不好便会调出资助行列。我们也遴选一些非中国社会科学院作者的皮书使用"中国社会科学院创新工程学术出版项目"的标识，这也是有竞争性的。当然，现在还不能说皮书学术质量得到学界普遍认可的大话。有的皮书主编要求，皮书研究报告在科研成果考核中最好是一篇相当于核心期刊的论文，我们要想得到这样的认可，就要付出巨大努力，这不是领导说了算的问题，首先要得到学术共同体的认可。

我希望在这次会议上大家认真讨论一下，有什么措施可以大幅度提高皮书质量。针对这个问题，我谈以下几点看法。

一是重视总报告的撰写。总报告是一本书的灵魂，总报告不仅是描述性的，也要是研究性的，总报告的水平在某种程度上代表了皮书的水平，总报告要努力争取达到能够单独发表的水平。我们的总报告，一般是写一个领域、一个行业，或者是一个方面的"形势"。这种"形势"，我们很多情况下是只写了"形"，没有写好"势"。一般的政策研究，基本是现状、问题、对策的三段式。我们的总报告，需要关心中长期发展的"势"，我们观察今天的事情，要放在一个阶段、一种趋势、一个长远发展进程中去考虑。国外的一些知名智库报告，比如布鲁金斯报告、兰德公司报告，都很擅于写一些大的"势"。写"大势所趋"，需要有较深的研究功底，需要具有这种能力和洞察力的团队。

二是注重学理支撑。我们的皮书报告，无论是数据分析还是文字叙述，都要注重对发展规律的揭示，注重观点和判断要有学理支撑。现在的皮书报告，多数还是对一个领域的描述，描述完了就完了。有些报告提的政策建议，单纯凭学者想象，缺乏可操作性，说句实话，真正到了政策部门，别人都觉得是小儿科。所以，我们要注重材料的研究分析，要注重学理的支持。你写出的东西要符合学理的逻辑和发展的规律，要是能够揭示一些超出常识的发展规律就更好了。

三是注重学术规范。比如说有的书有参考文献，有的书没有参考文献。参考文献看起来似乎是小事，似乎是否必备都无关紧要，但实际上，一篇文章的参考文献能够反映作者对自己研究的领域是否熟悉。我觉得皮书是不是可以试一下，统一加上参考文献。你要把你那个领域最近几年最核心的文献列出来，让大家看一看。从事学术研究，前无古人后无来者是不行的，学术需要积累，你要熟悉学术积累的每一个里程碑。皮书只有规范化，才有资格称之为高质量的学术成果，才可以在学术界逐步树立地位。谢谢大家！

皮书与当代中国研究[*]

谢曙光[**]

摘　要：出版的软实力通常体现在出版物的影响力上，发端于社会科学文献出版社的"皮书"，作为一种连续性出版物，不到 20 年的时间发展成为一个在中国乃至国际发挥独特影响力的出版形态。"皮书"这一最初在出版社内部使用的工作用词，也逐渐成为社会广泛使用的通用名词。

从研究主题、研究的空间领域、研究方法三个方面对皮书种类进行结构化分析，可以归纳出皮书具备的区别于其他学术出版物的特征，即原创首发、实证客观、专业权威、连续出版、注重前沿、更快更新。

"皮书"既可以是国情研究中经济社会发展的记录仪，社会科学研究中的资料集成库，也可以为政策制定、评估、调整提供

---

[*] 本文刊发于《出版广角》2016 年第 13 期；本书收录时有增改。

[**] 谢曙光，社会科学文献出版社社长。

智力基础，为社会公众在海量信息时代获取有效信息提供过滤器。

作为一种创新的应用对策类研究模式、出版形态，皮书的未来定位于智库产品，皮书将成为中国学术、中国智库发挥国际影响力的重要工具，皮书平台将成为学术共同体的建设空间。

关键词：皮书　智库报告　社会科学　学术出版　出版软实力

出版的软实力通常体现在出版物的影响力上，"皮书"正是一个在中国乃至国际发挥独特影响力的出版形态。从最初一个出版社的学术产品名称到媒体和公众使用频率极高的热点词语，从专业术语到大众话语，从官方文件到特殊的出版形态，近二十年来，"皮书"的概念不断延展，"皮书"的种类更加丰富，"皮书"的功能日渐完善。本文将从皮书的起源、定义说起，力图对皮书的种类、作者、地域做一个全景式、结构化的分析，并通过对皮书功能的深入挖掘，展望皮书未来，探寻皮书价值最大化，乃至提升中国学术国际影响力的路径。旨在说明，皮书系列图书及其皮书数据库，是认知和研究当下中国的最为可靠、最具价值的窗口和平台。

一　皮书的缘起与概念

1. 皮书在中国的起源

从词源上看，"皮书"最早起源于 17、18 世纪的英国，主要指官方或社会组织正式发表的重要文件或报告，并多以白皮书命名。第六版《辞海》把白皮书定义为"一国政府或议会正式发表的、封面为白色的重要文件或报告书"。

在中国，"皮书"这一概念从官方文件到出版形态，其发展历程要追溯到1990年。是年，刘国光、李京文等著名经济学家通过中国社会科学院数量经济和技术经济研究所联合经济学科学机关研究所运用数量经济模型对中国经济形势进行分析与预测，撰写出一系列研究报告，这些报告当年未公开出版，而是用蓝色封面装订成册，送有关部门和学校传阅，并成立"中国经济形势分析与预测"课题组，故被称为"蓝皮书"。1991年底，"中国经济形势分析与预测"课题组的研究报告首度正式出版，书名是《1992年：中国经济形势分析与预测》，业界称之为"经济蓝皮书"。这就是第一本"皮书"的由来。此后，中国社会科学院社会学研究所时任所长陆学艺教授敏锐地意识到，可以对年度中国社会形势进行分析和预测，于是在中国社会科学院主管领导的支持下，着手研创"社会蓝皮书"。当年，笔者还在中国大百科全书出版社工作。"社会蓝皮书"初创时笔者也一起参与了讨论，该蓝皮书编纂的范本是当时世界银行的发展报告。随后几年，由中国社会科学院农村发展研究所和世界经济与政治研究所分别主持研创的"农村绿皮书""世界经济黄皮书"等陆续出版。但只在机关学科领域和实际工作部门宣传，社会影响不大。

正式把以图书封面颜色为标志对蓝皮书、绿皮书、黄皮书进行系列化、市场化、规范化运作的时间节点发生在1997年秋。是时，笔者从中国大百科全书出版社调入社会科学文献出版社主持工作，开启该社第二次创业的开篇工作就是以皮书系列为统称，运用专业精神和方法，市场化运作蓝皮书、绿皮书、黄皮书。而 1999 年皮书系列所出版的品种数就超过 15 种。伴随皮书品种的逐步增加,"皮书"起初只在这一出版社内部使用的工作名称,逐渐成为社会广泛接受的专有名词,特指 20 世纪末以来由中国社会科学院所属社会科学文献出版社出版的蓝皮书、绿皮书、黄皮书等以年度为单元连续出版的专题研究报告。

2. 皮书概念的厘清

"皮书"这个概念在中国具有两个层面的含义。一是"国家或专门机构正式发布的重要文件或报告书",是一种官方文件,以白色或其他特殊颜色做封面,代表政府立场,讲究的是事实清楚、立场明确、行文规范、文字简练,不带文学色彩。二是"以年度为时间单元,关于某一门类、地域或领域的社会科学资讯类连续出版物"①,封面颜色以蓝色居多,内容强调权威、前沿。作为一种出版形态存在,皮书具有原创、专业立场、专家视角、数据说话的特征。

2000 年,在首次全国皮书工作会议上,正式诞生"皮书"这个名称。"皮书"开始从一个出版社内部使用的工作词语转化为一个专门的呈现学术成果形态的概念,作为一种公众话语进入并影响社会。

2003 年 9 月,第四次全国皮书工作会议首次对"皮书"的定义进行了阐释:皮书是以年度为时间单元,对某一领域或者某一行业的经济、社会等各种事件进行分析、预测的年度研究报告。②

---

① 参见谢曙光主编《皮书研究:理论与实践》,社会科学文献出版社,2011,第 1 页。
② 谢寿光在第四次全国皮书工作会议上的发言。

2005 年 8 月，在第六次全国皮书工作会议上，皮书的定义有了较为完整的表述：皮书是一种以年度为时间单元，关于某一门类、地域或领域的社会科学资讯类连续出版物。

2006～2015 年，皮书进入快速发展的十年。皮书概念的内涵和外延进一步明确，"皮书"作为全新的出版形态被确立——"皮书是对中国与世界发展状况和热点问题进行年度监测，以专业的角度、专家的视野和实证研究方法，针对某一领域或区域现状与发展态势展开分析和预测，具备前沿性、原创性、实证性、连续性、时效性等特点的公开出版物，由一系列权威研究报告组成。"① 皮书是智库报告主要形式之一，是同一主题智库报告的聚合。

二 皮书的种类

当前中国以皮书或类皮书的形式（如发展报告、年度报告等）出版、发布的成果，每年 1000 多种，坚持连续出版的 600多种。其中，到 2015 年底，社会科学文献出版社是出版皮书类成果最多的出版社。本文以社会科学文献出版社的皮书为例，分析现有皮书的结构化特征。

1. 按照研究主题的分类

从内容来看，皮书涵盖了社会科学的大部分专业研究领域，因此，按照研究主题分类是皮书最主要的分类法。根据研究主题的不同，皮书可以分为经济、社会政法、文化传媒、地方发展、

---

① 谢曙光主编《皮书手册：写作、编辑出版与评价指南》，社会科学文献出版社，2015。

行业报告、国际问题六大类，其占比如图1所示。

经济类，包括宏观经济、区域经济、产业经济、部门经济等。代表皮书有："区域蓝皮书""产业蓝皮书""中国总部经济蓝皮书""京津冀蓝皮书"等。

社会政法类，包括与社会、法治、文明密切联系的特定领域。代表皮书有："法治蓝皮书""人权蓝皮书""公共服务蓝皮书""社会心态蓝皮书""生态文明绿皮书"等。

文化传媒类，包括文化产业、传媒产业、公共文化等研究领域。代表皮书有："新媒体蓝皮书""移动互联网蓝皮书""文化蓝皮书""新媒体社会责任蓝皮书""全球传媒蓝皮书"等。

地方发展类，包括中国省市经济、社会、文化、产业等领域。代表皮书有："北京蓝皮书""上海蓝皮书""贵州蓝皮书""河南蓝皮书""广州蓝皮书""黑龙江蓝皮书""陕西蓝皮书"等。

行业报告类，包括产业经济、行业发展等。代表皮书有："房地产蓝皮书""金融监管蓝皮书""互联网金融蓝皮书"等。

国际问题类，包括全球及主要国家、地区发展的经济、社会、文化等领域。代表皮书有："美国蓝皮书""日本蓝皮书""欧洲蓝皮书""德国蓝皮书""韩国蓝皮书"等。

2. 按照研究空间领域的分类

按照研究的空间领域，皮书可分为全球与地区（国家）、全国与省区市、城市与农村三大类。

全球与地区（国家）类，研究的是全球及主要国家、地区发展的经济、社会、文化等。代表皮书有："世界经济黄皮书""国际形势黄皮书""非洲黄皮书""日本蓝皮书""亚太蓝皮书"等。

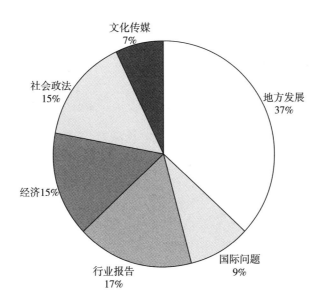

图1　皮书按内容分类占比

全国与省区市类，研究中国及其经济区域或各省市区的经济、社会、文化、产业等。代表皮书有："河北经济蓝皮书""西北蓝皮书""中三角蓝皮书""四川蓝皮书""中部蓝皮书"等。目前，皮书已经涵盖的地区空间分布如图2所示。

城市与农村类，研究的是中国及世界城市、农村经济社会发展规律。代表皮书有："城市蓝皮书""中小城市绿皮书""国际城市蓝皮书"等。

3. 按照研究功能及方法的分类

按照研究功能及方法，皮书可以分为发展报告、分析预测、评估评价三个类型。

发展报告型，侧重于对某一领域或区域发展现状的描述。代表皮书有：《国家创新蓝皮书：中国创新发展报告》《金融蓝皮书：中国金融发展报告》《劳动保障蓝皮书：中国劳动保障发展

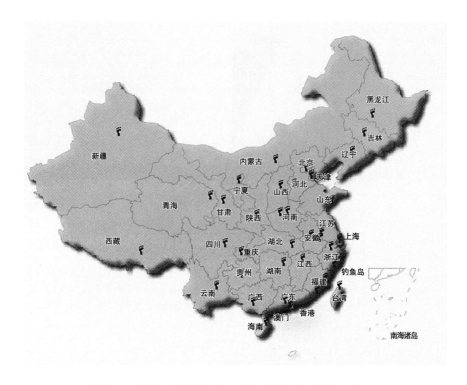

图2 皮书研究所涉中国地区的空间分布示意图

报告》《传媒蓝皮书：中国传媒产业发展报告》《美国蓝皮书：美国研究报告》等。

分析预测型，在对某一领域或区域发展现状分析的基础上，侧重对研究对象未来发展趋势的预测。代表皮书有：《世界经济黄皮书：世界经济分析与预测》《经济蓝皮书：中国经济形势分析与预测》《社会蓝皮书：中国社会形势分析与预测》《农村绿皮书：中国农村经济形势分析与预测》《广州蓝皮书：中国广州经济形势分析与预测》等。

评估评价型，利用数据模型、评价指标体系分析某一领域的发展现状，揭示其特征的研究报告。代表皮书有："中国省域竞争力蓝皮书""环境竞争力绿皮书""G20 国家创新竞争力黄皮书"等。

4. 按照封面颜色分类

按不同的封面颜色，皮书可以分为蓝皮书、绿皮书、黄皮书等。

蓝色，象征着严谨与科学，蓝皮书作为一种专业机构的出版物是智库产品的代表，在国际上通行。因此在皮书系列中，经济、行业、社会政法类等90%左右的品种为蓝皮书。代表皮书有："教育蓝皮书""社会建设蓝皮书""新能源汽车蓝皮书""新兴经济体蓝皮书""汽车蓝皮书"等。

绿色，意味着生命与未来，关注人类的可持续发展是绿皮书的宗旨。因此，与生态、环境、农村、旅游等主题相关的品种为绿皮书，在皮书系列中占比7%左右。代表皮书有："环境绿皮书""气候变化绿皮书""旅游绿皮书""生态城市绿皮书"等。

黄色，代表着开放与包容，关注国际问题是黄皮书的宗旨，黄皮书多是以国际区域性政治、经济等问题为主题的研究报告，在皮书系列中占比约3%。代表皮书有："国际形势黄皮书""中东黄皮书""拉美黄皮书""俄罗斯黄皮书"等。

三 皮书区别于其他出版物的特征

皮书之所以能够作为独特的出版形态在众多的学术出版作品中脱颖而出，很大程度上源于其作为智库报告所具备的独有的特征。它不是一般性的图书，而是一种连续出版物，它的内容是跨平面媒体的，超越图书、期刊和报纸。它有书的特点，又有期刊的特点，同时还有非常强烈的媒体特征，它所承载的信息都是浓缩的，可以通过其他媒体及时释放并传播。每一次皮书的发布基本上都会带动一个热门的话题，形成强大的社会效应，这是一般图书所不具备的。

1. 原创首发

原创性是皮书区别于年鉴、志书类图书的重要特性。皮书的写作不是把从各方面收集来的资料和数据进行的简单罗列或梳理，而是在取得一手数据的同时，要有自己的理论假设和研究框架，且对数据进行结构化的分析，并提供有价值的观点。

皮书原创性体现在两个方面：第一，数据资料的原创，研创团队通过实地调研获得的第一手数据资料作为分析的基础数据；第二，研究方法或结论的原创，即运用科学、实证的研究方法对数据资料进行分析，得出原创性的结论或对策建议。

2. 实证客观

实证，是社会科学研究的重要方法之一。皮书研创倡导实证研究，即通过对研究对象进行大量的观察、实验和调查获取客观数据，并对客观数据采用统计、评价评级、模型预测与分析等实证研究方法进行进一步研究，得出客观的结论或对策建议。皮书报告数据翔实，通过评价评级、模型等实证分析方法对研究问题进行分析得出的结论更具有可信度。故而，皮书报告一般具有很强的实证性。

3. 专业权威

如果说客观性的数据是皮书特色，同样，专业化的数据筛选、解读更能发挥一个智力作品的价值。皮书专业性体现为主编和作者的专业性。皮书的主编和作者是所涉专业和研究领域有较大影响力和一定知名度的专家学者。

出版方在皮书项目立项前就对研创单位及作者有严格的要求。如："皮书研创单位应以研究为主，并在该领域具有权威性；皮书主编应是本皮书所涉领域的权威学者。"这种作品出版之前的介入，保证了皮书主编和作者的专业性。目前，皮书主编和作者多来自高端研究机构（如中国社会科学院和地方社会科学院）、一流高校、政府智库。皮书研创机构来源分布如图 3 所示。

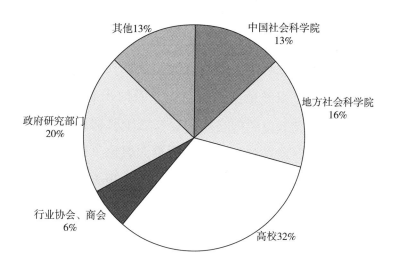

图 3 皮书研创机构来源分布（截至 2016 年 3 月）

4. 连续出版

皮书连续性体现在其以年度为单位持续关注所研究领域的某一问题，并进行科学的理论与实践研究，进而形成持续的研究成果。皮书报告每年（或每两年）对同一领域、门类、地域发布研究成果。

从出版时间的连续性来看，自 1991 年起，"经济蓝皮书"

已连续出版了 25 年；"社会蓝皮书""农村绿皮书""世界经济黄皮书"等重点皮书也已出版了 20 年以上。

5. 关注前沿

皮书前沿性体现在两个方面：一是在理论探讨上应反映学术前沿问题，并能通过现有数据分析推断该研究领域的发展趋势；二是解释现实问题时，皮书关注现实生活中的热点、重点问题，致力于解决政府、媒体、公众关注的问题。

6. 及时更新

与其他类型的出版物相比，皮书具有更强的时效性。具体体现在三个方面：一是数据最新。皮书报告使用的数据资料在可获得的条件下一定是最新的。利用最新的数据资料进行分析，能够准确地反映研究领域的最新动态。二是及时出版。每年的 11 月至次年的 3 月是皮书出版的高峰期，在这个时期出版的皮书可以及时响应国际国内重要会议和当年度重大舆论事件。三是适时发布。恰当的发布时机包括：重要会议前后；相关节日前后；行业论坛期间。

四 皮书对于国情了解和社科研究的特殊功能

美国管理学家、统计学家爱德华·戴明有句名言："除了上帝，任何人都必须用数据来说话。"美国的联邦政府构建了世界上最大的数据帝国。这些数据有三个来源：一是业务管理的数据，二是社情民意的数据，三是物理环境的数据。以社情民意数据为例，在 1940 年罗斯福引进民意调查后，美国政府为了了解社会开展了大量的专业调查，其中劳工统计局的"国家纵向调查"（National Longitudinal Survey），就是以时间轴为单位，在确定调查对象后，对其进行长期的跟踪、反复的问卷，收集大量的数据，然后进行统计分析。随着数据的积累，一个以个人成长为中心、越来越大的社会画卷也开始展开。这种以一个国家为单位的大型社会调查，是研究一个社会长期变迁不可或缺的重要资源，也为政策的制定、调整和评价提供了重要的参考和依据。[①] 除了联邦政府内部及其资助的研究机构的调查，美国的独立智库每年都为社会创造出数以万计的各种专业调查报告，这些报告为社会各个领域的发展提供了大量有价值的数据。

在中国，近 20 年来，以"皮书"为代表的年度研究报告是重要的智库成果表现形式之一，它因具有前沿性、实证性、持续性等天然的特点成为研究者和研究团队青睐的成果表达模式。

1. 国情研究：中国经济社会发展的记录仪

从皮书的内容分类可以看出，皮书研究囊括了中国经济、社会、文化等领域。而皮书研究正是以时间轴为单位，在确定调查对象后，对其进行长期的跟踪、反复的测试，收集大量的数据，然后进行结构化的统计分析。因此，"皮书"既可以对经济社会发展中的重大问题进行现状表述，为深入研究提供重要的数据依据，又可提出较好的解决思路和对策，为现实发展提供巨大的实际应用的能量。

2. 资政决策：政策制定、评估、调整的智力源

皮书研究的对象是国内外经济社会发展的现实问题，一个很

---

① 徐子沛：《大数据》，广西师范大学出版社，2012。

重要的目的是发现问题、分析问题和解决问题。皮书研创团队既有深厚的理论功底，又有对现实问题的敏锐观察力，很多正在为政府提供智力服务。他们在皮书中展示的研究成果在一定程度上可以反映出政策趋向，发挥政策预报的功能，便于政策在正式发布前取得社会认可，利于政策的推行，同时，皮书的专业研究报告也可以为政策评估、调整提供依据。皮书研创团队对现实问题的调查为政府开辟了信息渠道，其对策建议成为政府进行决策的重要参考。

3. 学术科研：社会科学研究的资料集成库

皮书针对某个问题的基础信息以及皮书研创者对数据的分析与重新展现，构成关于这个问题的一个小型数据库，为国内外现实问题研究者提供了不同层级的研究资料。皮书的研究方法和分析结果又成为研究人员进行深度研究的参考。

皮书数据的原创性及持续性的积累，能够为深入研究提供基础的数据资源，因此，皮书可以作为获取研究数据的重要工具。随着时间的推移，皮书作为连续性出版物的价值将越来越高，而皮书数据库也将成为研究当代中国最重要的基础数据库之一。

4. 社会公众：信息爆炸时期的信息过滤器

在信息泛滥的网络社会，皮书中呈现的基础信息和分析数据同时为社会各界带来多个层面的有效信息。社会组织管理者可以依据这些信息，判断政策趋势和市场走向，最终形成运营和管理决策；新闻工作者从这些信息中获取内涵丰富的新闻来源，发挥舆论引导作用；投资者可以从皮书中挖掘投资资讯，将其作为投资指南。

五 皮书的未来设想

在中国，"皮书"已然成为全社会层面的热门词汇。皮书的读者主要包括党政领导干部、国内外现实问题研究者、相关专业教师和研究生、社会组织管理者、新闻工作者、投资者、对国内外现实问题感兴趣的普通读者等。各类研究机构（政府、科研机构、大学、企业）"皮书"及其连带的内容、观点、学者思想正深入人心：政府部门资政参阅，研究人员研读借鉴，社会组织决策参考，新闻媒体实时发布，投资者资讯追踪，普通大众街谈巷议。"皮书"正成为一个平台，为广大对中国经济社会有着深刻理解的理论工作者提供一个展示其观点的舞台，为广大对中国现状有着热切渴望的读者提供一个咨询台，为中国学术与社会发展实践的结合提供一个会所。这一平台所具有的凝聚力正在形成一种无形的力量，吸引着社会各界关注中国的发展，参与中国的发展。

1. 一种创新的应用对策类研究、出版模式

皮书研创者与出版社从学术积淀、市场需求等角度，根据国内外社会现实问题确定选题方向。研究者组成研创团队，集合多方智力，协同完成数据采集、信息整理和对策研讨。出版社凭借其推广平台，将此类研究成果在社会上广泛推广，最大程度上提升对策类研究成果的影响力，将其社会效用最大化。

首先，统一出版规范与标准。作为独特的应用对策类研究成果和智库产品，皮书的研究内容必然是个性特征明显的。然而，正如美国心理协会出版人格雷·范登博思博士在第六版《APA

格式》前言中所述："统一的写作体例能够帮助我们迅速从文章中提炼出要点和研究发现……写作体例能够帮助大家恰当表述定量研究的结果，选择与分析方法最匹配的图表，以准确且令人感到体面的语言描述有关个体"。随着研创队伍的不断扩大，皮书的研创出版同样急需一整套通用规范，为数以万计的皮书研创者实现沟通交流提供科学便捷的标准，从而实现皮书品牌的可持续发展。鉴于此，社会科学文献出版社从2009年起开始每年发布《皮书操作手册》（2013年起改版为《皮书手册：研创·编辑出版与评价指南》），作为内部工作指南，并于2015年正式出版。这些手册为规范皮书研创出版起到了很好的参考作用，也受到了皮书作者、编辑的广泛好评。[①]

其次，推进写作模式的创新。作为一种连续性出版物，单种皮书的主题、版式相对固定，研创者重复相同的工作造成效率低下。因此，可考虑开发皮书编撰软件，将可以由机器解决的问题交给它，而研创者将精力投入到研究工作中，在规范流程、保护皮书个性研创的前提下，全面提高皮书编撰效率。

2. 重要的智库产品平台

皮书正成为智库工作的平台：智库交流平台、智库产品互通平台、智库与社会交互平台、智库信息整合平台。随着中国特色新型智库建设的深入开展，该智库平台必须时时做出调整，相应的平台功能必须进一步深化。

皮书研创的运作模式体现了智库成果产生的基本内核，即团

---

① 谢曙光主编《皮书手册：写作、编辑出版与评价指南》，社会科学文献出版社，2015，第2页。

队协作、考察现实、预测未来、提出对策。皮书是智库产品的一种，是重要的智库成果向社会公布的方式。因而，皮书成为智库接触社会、影响社会、协调社会的渠道和平台。皮书的出版有助于中国特色新型智库建设。

3. 学术共同体的建设空间

在皮书研创、出版工作基础上，进一步推进学术共同体和互动社区建设。以皮书出版为平台，围绕皮书研创这一核心环节，促进皮书作者、皮书机构、皮书受众之间的交流认知以及在问题关怀、价值取向、研究方法、学术标准等方面形成共识，进而建立起一个公共学术生活空间。

随着社会的多元化、复杂化，针对某个问题的调查、研究和解决，单一品种的皮书很难完成。对皮书内容进行分割、重组，形成需要的新成果，将有助于解决上述问题。现实中，这种需要将更加频繁。皮书内容的数字化，使得分割、重组更加便捷，使这种做法成为可能。社会科学文献出版社已经在这方面做了有益的探索。

4. 中国学术、中国智库发挥国际影响力的重要工具

皮书为其研创者提供了一个向国内外发声的平台。随着皮书影响力的不断扩大，皮书研创者的思想和声音在世界范围内传播。对内，他们以自己的思想影响社会；对外，他们发出中国学者对于国际事务的观点，影响参与人思考问题和解决问题的方向。皮书的出版，有助于中国学者提高国际话语能力。

2006年，社会科学文献出版社和荷兰博睿学术出版社（Brill Academic Publishers，以下简称Brill）正式签署皮书出版协议，第一本英文版皮书在全球发行，标志着皮书进入了国际化的

发展阶段。

至 2015 年，已出版外文版皮书 80 余种，除繁体中文外，涉及英文、日文、韩文、俄文等多语种。连续出版的年度性外文版皮书达 30 余种。与 Brill 合作的英文版皮书于 2011 年改版为"中国研究视角"系列丛书，已出版 37 本，内容涉及中国经济、社会、法治、环境、教育、劳动与人口、应对气候变化、低碳等多个领域。与 Springer 出版社合作的"当代中国经济报告"系列，包括中国城市发展报告、中国经济增长报告、印度洋地区发展报告、中国低碳经济发展报告、中国经济形势分析与预测、京津冀发展报告、中国企业的社会责任报告、中国省域经济综合竞争力发展报告。

国际关系系列，包括中国与美国关系、中国与欧洲关系、中国与俄罗斯关系、中国与拉丁美洲关系、中国与周边关系、中国与非洲关系、中国与中东关系、中国与新兴国家关系、中国与东盟关系。英文以外，其他外文版皮书还包括：中国房地产发展报告（韩文）、中国传媒产业发展报告（韩文）、中国环境发展报告（日文）、中国殡葬事业发展报告（日文）、中国经济形势分析与预测（俄文）。

如果说外文版皮书的出版为国际社会了解中国打开了一个窗，那么，皮书数据库的海外推广则实现了皮书资源的全球化使用。皮书数据库已经成为研究中国现当代问题的学者和机构必不可少的参考材料。其海外使用机构包括大学图书馆，如哈佛大学、普林斯顿大学、伯克利大学、斯坦福大学、杜克大学、约翰布鲁金斯大学、牛津大学等大学的图书馆；高级智库，如美国国会图书馆（为美国各级政府提供公共及外交政策领域全方位咨询服务的研究机构）。这也标志着皮书系列已经进入国际知名学术出版产品行列。

皮书作为重要的智库成果，承载着传播思想、传承文明的功能，皮书的影响力在一定程度上反映了中国学术出版的影响力。深怀对学术的敬畏之心，恪守对学术出版的专业精神，努力担当发展中国学术、承担人类文明传承的大任，这是中国学术出版机构的应有之义，也是所有皮书研创者、出版者、使用者的座右铭。

参考文献

能向群、肖东发：《年鉴与皮书之争》，《出版经济》2004 年第 12 期。

刘玉萍：《皮书：推动学术出版的能力建设》，《中国社会科学报》2011 年 1 月 6 日。

孙海悦：《皮书出版需走品牌建设之路》，《中国新闻出版报》2011 年 3 月 7 日。

谢曙光主编《皮书研究：理论与实践》，社会科学文献出版社，2011。

谢曙光主编《皮书研创与智库建设》，社会科学文献出版社，2014。

谢曙光主编《皮书手册：写作、编辑出版与评价指南》，社会科学文献出版社，2015。

审慎设置议程，切实掌握话语[*]

——《中国新媒体发展报告》宣传推广的体会

唐绪军[**]

摘　要：新媒体蓝皮书《中国新媒体发展报告》是皮书家族中的一员。2010 年出版第一部，2012 年获优秀皮书二等奖，2013 年和 2014 年连续获得优秀皮书一等奖。新媒体蓝皮书之所以能后来居上，在于研发团队学以致用，有效运用了整合营销传播理论，善于使用各种传播媒介设置传播议程，切实掌控话语权，在传播新观点、新思想的同时促进了新媒体蓝皮书的市场营销。

关键词：新媒体蓝皮书　整合营销传播　议程设置　话语权

---

* 本文根据中国社会科学院新闻与传播研究所所长唐绪军在第十六次全国皮书年会（2015）上的讲话录音整理而成。

** 唐绪军，中国社会科学院新闻与传播研究所所长、研究员，《中国新媒体发展报告》主编。

编撰新媒体蓝皮书《中国新媒体发展报告》起意于 2009 年，那时新媒体还没有现在这么火爆，应该说这是个富有远见的决定。2010 年出版了第一部新媒体蓝皮书，到 2015 年已经是连续出版 6 部了。根据社会科学文献出版社关于优秀皮书奖的评选规则，连续出版 3 年以上的皮书才有资格参加优秀皮书奖的评选，所以 2012 年新媒体蓝皮书首次参评，并在当年荣获优秀皮书二等奖。2013 年、2014 年连续两年获得了优秀皮书一等奖。

坦率地说，新媒体蓝皮书在皮书家族中不过是个小字辈，在皮书的综合评价中有多项指标的得分相对来说也还不高。比如"内容质量"这一项，2014 年新媒体蓝皮书得分 86.4 分，而当年该项得分最高的《社会蓝皮书：2014 年中国社会形势分析与预测》则是 90.8 分，差距是客观存在的。但是我们为什么会后来居上，连年获奖呢？成功当然也不是偶然的。我们这部蓝皮书在评价指标体系中最突出的一项是"媒体影响力"，该项总分是 20 分，我们获得了 19.8 分，在 2014 年出版的所有蓝皮书中排名第一。

《中国移动互联网发展报告》主编、人民网研究院院长官建文就曾问过我："我们有媒体，既有传统媒体，又有新媒体，怎么我们蓝皮书的宣传就是做不过你们呢？"我想，一方面是因为新媒体正在深度嵌入我们生活的方方面面，成为全社会上上下下关注的焦点，有关新媒体发展的相关内容自然会吸引公众的眼球，这是大环境使然；另一方面也是因为我们本身就是学习和研究新闻传播的，在整合营销传播理论指导下比较善于使用各种传播媒介主动设置传播议程，并且也能够很好地掌握话语权，从而使社会舆论朝着我们所期待的方向发展，在传播新思想、新观点的同时促进了蓝皮书的市场营销。前一个原因无须多说，后一个原因我愿意和大家分享一下我们的做法和体会。

一　皮书研创时就要考虑传播

皮书，作为一种年度报告，是典型的智库产品。从内容上来说，它关注的就是两个字，即"态"和"势"。态，就是现状，是一个行业或领域发展的基本状况；势，就是趋势，是一个行业或领域发展的未来走向。"态"是实然，"势"是预测。对"势"的研判建立在对"态"的准确把握基础之上，而对"态"的准确把握则需要广泛收集一个行业或领域的基础数据，并对这些基础数据进行科学的梳理和分析。准确把握"态"不容易，科学预测"势"更难。正是因为皮书内容上的这个特点，也就决定了它的阅读对象的特殊性。皮书的阅读对象不是普通公众，更不是饮食男女，而是一个行业或领域的各级管理部门、决策部门的领导者，是该行业或领域内的研究者或利益攸关者，是芸芸众生中的精英群体。因此，皮书不可能是一种轻松的读物，而是一种有思想、有深度的读物。

基于这样的认识，我们为新媒体蓝皮书确定了明确的使命和追求，即五个性：时代性、开放性、全面性、前沿性和专业性。新媒体最大的特点在于"新"，新技术驱动下的新媒体不断推陈出新，新媒体也就是一个历时性的概念，今天是新的，明天就有可能是旧的了。因此，新媒体蓝皮书要立足于时代，关注各种最新出现的媒体形态，是谓"时代性"。坚持时代性也就决定了我们所说的"新媒体"采用的是广义的概念，即依托于互联网、移动通信、数字技术等新的电子信息传播技术而兴起的媒介形式及其应用。新媒体最具开放性，是一个不断发展的传播介质形态。我们的新媒体蓝皮书就要有全球视野，全方位地关注中国新媒体的发展，是谓"开放性"。与其他行业性、专门性传媒系列蓝皮书不同，新媒体蓝皮书全面关注新出现的各种媒介形态及其应用，既包括基于互联网的各种媒介形态，也包括传统媒体运用新技术以及和新技术融合而产生或发展出来的新的媒介应用形式。可以说应有尽有，广泛涉及，是谓"全面性"。新媒体的应用对于社会发展产生了革命性的影响，每年都会出现大量热点问题。同时，新媒体自身在发展过程中也会遇到一些新的难点问题。我们的新媒体蓝皮书就要立足前沿，准确解读新媒体发展的态势，深度分析由其引发的热点问题和难点问题，是谓"前沿性"。我们是专业的国家级新闻学与传播学研究机构，对新媒体的研究必须站在国家的立场上，依据我们自己获得的第一手材料，得出基于新闻学和传播学理论的独到见解和观点，以期为促进中国新媒体的健康有序发展提出一些有针对性的、可操作性强的对策建议，是谓"专业性"。

有了明确的读者定位和专业追求，在具体操作时我们引入了整合营销传播的理念。所谓整合营销传播（Integrated Marketing Communication，简称IMC），是指将与市场营销有关的一切传播活动一元化的过程。无论是物质产品还是精神产品，对生产者来说，生产出来的产品总是希望销售出去，占领更大的市场份额，因此只要生产就不能不考虑市场、不能不考虑营销。过去，传统经济时代市场营销讲究的是"4P",即产品（Product）、价格（Price）、渠道（Path）和促销（Promoting）。但是，信息时代，传播格局发生了极大的变化，各种新媒介层出不穷，每天承载着大量信息广为传播，信息的极大丰富导致了注意力的稀缺，在信息的狂轰滥炸之下大众不再成为一个整体，而碎片化为无数个分众和小众，如何凝聚目标受众的注意力就成了市场营销的关键。

在这种情况下，传统的"4P"理论已经不灵了，取而代之的是"4C"理论，即消费者的需要与欲求（Consumer wants and needs）、满足消费者需要与欲求的成本（Cost）、提供给消费者的方便（Convenience）和与消费者的有效沟通（Communication）。于是，整合营销传播理念应运而生。被誉为整合营销传播之父的美国学者唐·舒尔茨（Don E. Schultz）解释说："整合营销传播是一个业务战略过程，它是指制定、优化、执行并评价协调的、可测度的、有说服力的品牌传播计划，这些活动的受众包括消费者、顾客、潜在顾客、内部和外部受众及其他目标。"[①] 因此，基于整合营销传播的理念，市场营销就由过去一味地注重产品转向更加注重消费者，尤其强调"5R"，即与产品与消费者之间的关联（Relevance）、注重消费者的感受（Receptivity）、提高对消费者需求的市场反应度（Responsive）、重视与消费者建立关系营销（Relationship）、强调消费者对产品的认可（Recognition）。所有这一切集中到一个焦点上就是品牌定位。

---

① 〔美〕海蒂·舒尔茨、唐·舒尔茨：《整合营销传播》，何西军、黄鹏、朱彩虹、王龙译，中国财政经济出版社，2005，第12页。

在如今这个产品极大丰富的时代，如果没有一个清晰的品牌定位，再好的产品也不容易营销出去，"酒好也怕巷子深"。所谓品牌定位，即产品在消费者心智上的坐标位置，而不是产品在市场上的空间位置。定位不在定位对象本身，而在消费者心间，是在消费者心目中所占据的一个合适的位置。一旦这个位置确立起来，就会使消费者在期待满足某一种需要或欲求时，首先考虑到某一定位于此的事物。因此，品牌定位要以消费者为核心，以资料库为基础，以建立消费者和品牌之间的关系为目的，以"一种声音"为内在的支持点，以各种传播媒体的整合运用为手段。

具体到我们新媒体蓝皮书，既然我们的目标消费者定位于有思想的、与新媒体相关联的精英群体，那么我们的品牌在这些消费者心目中就应该是高端的、权威的、数据翔实观点鲜明的，以此与其他类似产品相区隔。为此，我们主要抓了三件事。

一是遴选一流的撰稿专家队伍。每年蓝皮书的分报告约30篇左右，我们的作者队伍有100多人。我们先让这些作者各自报选题，根据选题确定作者，每年作者的更换数量大约为三分之一，以保证最热的选题让最合适的专家来做。2014年版新媒体蓝皮书共有作者53人。其中，博士生导师9人，占比16.9%；具有副高职称以上者30人，占比56.6%。有了一流的撰稿专家队伍，才能保证把握好新媒体发展的"态"，研判好新媒体发展的"势"，从而保证新媒体蓝皮书是一本有思想深度的智库报告。

二是精心提炼总报告标题的关键词。总报告是一部蓝皮书的魂，每年都由主编和副主编操刀。如果说总报告是蓝皮书的旗帜，那么总报告的关键词就是旗帜上的标志，因此提炼好总报告的关键词至关重要。每年我们都会根据上一年度新媒体发展的态势把选定的关键词熔铸进总报告的标题。比如，《中国新媒体发展报告 No. 4（2013）》的总报告的标题是《发展中的新媒体：创新与融合成为主流》，强调的是"创新"和"融合"；《中国新媒体发展报告 No. 5（2014）》总报告的标题是《移动化的新媒体：微传播改变中国》，强调的是"微传播"；《中国新媒体发展报告 No. 6（2015）》的总报告的标题是《国家战略：中国新媒体发展的新阶段》，强调的是"国家战略"。媒体报道时只能抓重点，我们把关键词提炼好了有利于媒体报道。

三是设置有可能引发讨论甚至争议的观点。新媒体是一种新现象，人们对新现象的认识总是见仁见智，不一而足的，因此对一些观点存在不同意见也是很正常的。我们在编撰新媒体蓝皮书时，有意保留了一些我们预判有可能引发争议的结论和观点。比如，2013 年版的"微博热点三分之一是谣言""微博用户多'三低人群'"；2014 年版的"微信用户多中产微博用户多草根"；2015 年版的"近六成假新闻首发于微博""'三低人群'依然是微博主力军""周二是一周微信'谣言'传播最高峰"等。这些结论和观点，我们自认为是有根有据的，即便引发争议也不会危及我们的品牌形象，只会激发目标消费者追根溯源的兴趣，有利于蓝皮书的营销。

二 皮书发布前审慎设置议题

在对蓝皮书推广和介绍的过程中，非常关键的一个环节就是要精心组织好蓝皮书的发布会。

从传播学的角度来说，举行新闻发布会其实就是在为公众设置议题。在新闻学与传播学领域，"议题"是指引发、可能引发或者有必要引发社会关注和讨论的公共性话题。所谓"议程设置"，是指通过媒体采制刊播特定的报道和评论，引发公众对相关事件、问题、现象的关注，影响公众对其重要性和议程优先性的感知和判断，或者直接引导社会的舆论取向。

"议程设置（Agenda-setting）"这个概念来自两位美国传播学研究者马克斯韦尔·麦康姆斯（Maxwell McCombs）和唐纳德·肖（Donald Shaw）。1968年，这两位学者对当年美国总统选举期间大众传播媒介的选举报道对选民的影响进行了研究。在研究的过程中，他们发现了一个现象：大众媒介注意某些问题而忽略另一些问题这种做法本身就可以影响公众舆论；人们通常更倾向于了解大众媒介所报道的那些问题，并采用大众媒介为这些问题所确定的优先次序来确定自己对这些问题的关注程度。于是，他们把这一发现写成了论文《大众传播的议程设置功能》，发表在1972年的《舆论季刊》上。① 随后的许多同类研究也证实了大众传播媒介议程设置功能的存在。"议程设置"遂成为传播学的一个经典理论。

根据议程设置理论，大众传播往往不能决定人们对某一事件或意见的具体看法，但却可以通过提供信息和安排相关的议题来有效地左右人们关注哪些事实和意见及他们谈论这些事实和意见

① 童兵、陈绚主编《新闻传播学大辞典》，中国大百科全书出版社，2014，第160页。

的先后顺序。大众传播媒介可能无法影响人们怎么想，但却可以影响人们想什么。因此，举办新闻发布会，就是发布会主办者在为大众传播媒介提供议程设置的议题，期待着大众传播媒介通过对这些议题的传播为公众设置议程。

近几年来，我们在运用"议程设置"理论，组织好新媒体蓝皮书发布会过程中积累了以下经验。

一是要建立好发布会的组织机构。发布会是一项涉及方方面面的综合协同性工作。每年的发布会我们都会组织全所相关处室的人员，成立文案准备、嘉宾联络、会场保障、宣传协调、后勤支持5个专门小组。各小组各司其职，在统一指挥下，有序运转。

二是要准备好发布会的各种文稿。文稿包括领导讲话、发布会主题报告、新闻通稿和分类新闻稿，这些都是为媒体提供的议题，是发布会成功与否的关键。各类文稿要做到重点突出，观点鲜明，各有侧重，相互支撑。比如，领导讲话要高屋建瓴，突出意义；主题报告要条理清晰，突出年度报告的新意；新闻通稿要事实准确，突出发布会的主题；分类新闻稿要观点鲜明，突出各个新闻点。

三是要选择好发布会的召开时机。召开发布会的目的在于推广和宣传蓝皮书，一方面是传播思想和观点，另一方面还要推销蓝皮书，所以时机的选择也很重要。根据出版社的建议，这几年我们的发布会通常安排在六月的第三周举行。此时，新媒体蓝皮书已经在各销售网点铺货完成，借着发布会的热乎劲，有利于蓝皮书的销售。

四是要组织好发布会的媒体参与。我们所由于研究对象的关系，与各类媒体有着广泛的联系，这是我们独有的资源。通常，我们的发布会会有选择地邀请不同层级、不同类别的媒体参加，以期形成报刊有字，电视有影，广播有声，网络有图，各种媒介全方位立体式传播的局面。

五是要安排好发布会的现场互动。新媒体时代，信息的传播强调的是即时和直观，新媒体蓝皮书的发布也必须紧跟时代。这几年，我们在发布会现场都安排了微博、微信直播，增强报道的现场感，满足公众迅速获取信息的需求，提升网民参与热情，有效扩大了蓝皮书的影响力。

在传统媒体时代，媒体报道尤其是主流媒体的报道是一个事件或一种观点得以进入公共领域的唯一途径。而在新媒体时代，信息终端的多样化，致使人人都可以把一个事件或一种观点传入公共领域。但因为渠道太多，导致信息泛滥，要想引起足够多的目标受众的关注就必须重视目标受众再传播的作用和价值。比如，一个对新媒体感兴趣的人，从传统媒体上获得了某个他所感兴趣的我们蓝皮书的一个观点，他就有可能转发到他的微博上；他的微博粉丝中有对这个观点感兴趣的人，就有可能把这个观点转发到他的微信朋友圈；一个人的微信朋友圈通常都是有着共同经历或者共同兴趣爱好的同一类人，所以这个观点就有可能得到更多人的转发，形成链式传播，从而极大地拓展这个观点的传播广度。因此，在网络新媒体传播的格局下，一个事件、一种观点的传播，不在于它一次传播覆盖了多少受众，而在于再传播的次数，在于在不断的再传播过程中累积起来的受众数量。

基于这样的认识，在蓝皮书发布之前，我们就制定了详尽的预热计划，聚集目标受众的注意力，激发他们的关注热情。以下是 2015 年新媒体蓝皮书网络传播的计划表（见表 1）。

表 1 2015 年新媒体蓝皮书的发布传播时间节点

周次	日期（2015 年）	文章标题	主题
第一周	6 月 1 日	关于新媒体，一个不能错过的重要预告！别怪我没提醒您！	预告
	6 月 3 日	2014 年中国智能可穿戴设备发展研究报告	先睹为快
	6 月 4 日	新媒体、新修辞与转型中国的政治、阶级关系：以"绿茶婊"性	媒体前沿
	6 月 5 日	互联网的未来：声音时代和体感时代	学者观点
第二周	6 月 8 日	微传播：正在兴起的主流传播——微传播的现状、特征及意义	学者观点
	6 月 10 日	"互联网 +"意味着什么？——对"互联网 +"的深层认识	干货分享
	6 月 11 日	《中国新媒体发展报告（2015）》新鲜出炉	预告
	6 月 13 日	《中国新媒体发展报告（2015）》精彩内容选摘	先睹为快
第三周	6 月 15 日	不管 Apple Music 来不来，留给 Spotify 的时间都已经不多了	鲜货分享
	6 月 17 日	在国际电视行业中，大数据已成为新闻生产的重要手段啦	先睹为快
		上海电影节，传统电影公司哪去了	鲜货分享
	6 月 19 日	《中国新媒体发展报告（2015）》发布暨新媒体发展研讨会议程	预告
		微信上阅读量 100000 + 的谣言是如何炮制出来的	图解
		微信送书活动今日开奖~公布名单，快戳进来看看自己有没有获奖	公告
	6 月 21 日	美国的数字报纸发展得怎么样了，你知道吗	先睹为快
		还有 5 位小伙伴没有回复寄送蓝皮书的地址！快来确认！	中奖召集令

周次	日期 （2015年）	文章标题	主题
第四周	6月23日	新媒体蓝皮书明天隆重发布,约么	发布会预告
	6月24日	国家战略助推新媒体进入发展新阶段——《中国新媒体发展报告》2015版在京发布	重要内容发布
		《中国新媒体发展报告 No.6（2015）》干货之一:中国新媒体发展十大未来展望	重要内容发布
		《中国新媒体发展报告 No.6（2015）》干货之二:中国新媒体在全球新媒体中扮演着重要角色	重要内容发布
		……	重要内容发布
		《中国新媒体发展报告 No.6（2015）》干货之七:"三低人群"依然是微博主力军	重要内容发布

总结起来，2015年新媒体蓝皮书的发布有以下几个特点。

第一，传统媒体发布级别高、数量多。2015年6月25日，中央电视台《朝闻天下》以"网络谣言治理"为主题对蓝皮书内容进行了报道，并通过对总报告观点进行逐点播报的形式进行了内容传达。随后，中央电视台《新闻30分》节目又对新媒体发展报告的有关内容进行了重播。《人民日报》的报道，对新媒体发展上升为国家战略，新媒体发展进入新阶段等观点进行了摘录，表示"网络空间法治化加强"。中央人民广播电台中国之声《新闻和报纸摘要》节目于6月25日一早即对2015新媒体蓝皮书发布的内容进行了报道。这是传统媒体的一级传播。

第二，微信公众平台大显身手。微信公众平台中，除了我们本所的"新闻与传播学术前沿"和"新媒体蓝皮书"两个公众号集中推送新媒体蓝皮书的相关内容外，其他如"六丈日子"

"刺猬公社""网络传播杂志""徐达内小报""冯站长之家"等影响力较大的公众号也都纷纷推送与新媒体蓝皮书内容相关的文章或蓝皮书发布会的消息。这是网络新媒体的二级传播。

第三，微信群的作用得到充分发挥。新媒体蓝皮书推广小组在发布会前特意组建了"新媒体蓝皮书作者群"和"新媒体蓝皮书读者群"。这些人有类似的社会背景和地位，同时又是对新媒体蓝皮书最为关注和感兴趣的人群，而且，其中不少成员为自媒体"大V"或者是较有影响力的学者，这些人对相关问题的探讨和相关信息的分享、推广有着不容忽视的影响力。这是社交媒体的关系传播。

有评论者指出，"这次蓝皮书发布会媒体传播真是全方位：微信预告、微博直播、网媒发布、电视解读。发布会之前，以新媒体刷存在感，发布会之后，以传统媒体提升权威性"。

三 皮书发布后切实掌控话语

各种媒体的广泛传播，极大地提升了新媒体蓝皮书的社会知名度，扩大了新媒体蓝皮书的影响力。社会科学文献出版社的一位编辑说："新媒体蓝皮书这两年的宣传真是太火了！常常让人担心，会不会失控哦。"其实，我们是不担心的，因为我们能够掌控住话语权。

"话语权"，简言之，就是说话的权利。当然，这不是在私人领域内说话的权利，而是在公共领域内说话的权利。后现代思想家福柯（Michel Foucault）指出，人类的一切知识都是通过"话语"而获得的，任何脱离"话语"的事物都不存在，人与世界的关系是一种话语关系，"话语意味着一个社会团体依据某些成规将其意义传播于社会之中，以此确立其社会地位，并为其他团体所认识的过程。"① 因此，从本质上来说，"话语权"就是设置公共议程的权力，就是掌控舆论的权力。②

这种权力取决于三个前提条件：其一，社会地位；其二，传播渠道；其三，特定概念。对于我们来说，第一点、第二点都不成问题。中国社会科学院是马克思主义的坚强阵地、哲学社会科学研究的最高殿堂、党中央国务院的思想库和智囊团，我们作为其中的一个研究所是专门从事新闻与传播研究的专业机构，社会地位自不待言。尽管我们不直接掌握传播渠道，但是我们有能力影响传播渠道。剩下来要做的，就是提炼特定概念，并且把这些特定概念通过大众传播媒介传递给大众。

概念是思想和观点的最小单位，是构成思想和观点的砖和瓦。既然人与世界的关系是一种话语关系，那么概念就是建立这种关系的核心构件。对于皮书这种有思想的精神产品来说，概念的提炼和传播就显得十分重要了。从新媒体蓝皮书这几年的实践来看，我们的基本做法是，注重定义概念，精心提炼关键词，由概念和关键词建构了观点和话题，让观点和话题承载思想形成议题，再把议题供给媒体，由媒体去设置公众的议程，从而实现了对话语权的掌控。

前面我介绍过，从新媒体蓝皮书编撰伊始我们就把传播的需要考虑在内，每一年都会提出一个新的概念。比如，2013 年我

---

① 〔法〕米歇尔·福柯：《知识考古学》，谢强、马月译，三联书店，2003，第 56 页。
② 〔法〕米歇尔·福柯：《知识考古学》，谢强、马月译，三联书店，2003，第 56 页。

们提出了"融合"概念，形成了"创新与融合是新媒体发展的主流"的观点；2014 年我们提出了"微传播"的概念，形成了"微传播改变中国"的观点；2015 年我们提出了"国家战略"的概念，形成了"国家战略促使中国新媒体发展进入新阶段"的观点。与之相适应，我们每年都会依据当年提出的概念和观点提炼出发布会的主题。2013 年的主题是"顺势应变 共创未来"，2014 年的主题是"安全 融合 创新"，2015 年的主题是"国家新战略 媒体新机遇"。明确的概念、观点和主题，有利于媒体在传播时准确把握我们所要传递的思想。

对话语权的掌握还体现在新闻稿的供给上。我们每年的发布会不仅要准备一份新闻通稿，还要准备一系列分类新闻稿。媒体的种类不同，面对的传播对象不一样，关注的重点也就各异。但是，你不能要求参加发布会的媒体记者能够在短短的一两个小时内从几十万字的皮书中找到他们感兴趣的内容。因此，作为发布会的主办方，我们就有责任事先为他们做好这项工作。我们提供给媒体的分类新闻稿一般分为两大类。一类是发展成就，主要是蓝皮书各分报告对新媒体各个领域发展状况的研究成果，客观陈述，内容不会引起太大的争议。另一类是我们预判可能会引起关注甚或引发争议的内容，比如说，今年蓝皮书中我们设置的一些话题：周二是一周微信"谣言"传播最高峰、政务新媒体存在大量"僵尸账号"、"三低人群"依然是微博主力军等，这些内容读者有兴趣，但研究者可能会有质疑，我们提供给媒体，媒体报道出去后有可能会形成社会热议的话题。

近三年，我们蓝皮书发布后总会有一两个话题引起社会广泛热议。其中，影响最大的一次是 2013 年关于"微博热点三分之一是谣言"和微博用户的"三低"特征。这两个话题的热议充分反映了我们掌控话语权的能力。

2013年6月25日，新媒体蓝皮书发布会的当天下午，《北京晚报》根据《中国新媒体发展报告（2013）》中"去年1月至今年1月的100件微博热点舆情案例中，事件中出现谣言的比例超过三分之一"这一说法，在头版头条以"微博热点三分之一是谣言"做出了大幅标题，同时在第二版以一整版的篇幅作了较为详尽的报道。其大标题太过抢眼，并且传达的意思又极富争议性，随即获得网民大量转发，激起网络强烈反响，引发舆论热议，导致舆论质疑该数据的科学性。面对这一突发舆情危机，我们沉着应对。

首先，通过微博舆情发展态势分报告的撰写者——人民网舆情监测室，在其官方微博及人民网和人民日报新浪官方微博予以回应，我们蓝皮书的官方微博也在同一时间发布了澄清消息，相关学界业界领袖人物跟进转发，迅速形成了正面舆论强势。由于我们通过事实及时指出《北京晚报》的标题为"误读"，舆论的矛头立刻转向。网民们开始对"误读"的《北京晚报》进行斥责和调侃，而该标题也被众多网民们称之为网络时代传统媒体造谣的第一个案例。数据显示，当天的相关话题舆情热度急剧升温，相关网络新闻超过60篇，相关微博则超过4.5万条，新媒体蓝皮书成为新浪微博首页滚动热议话题。但是，在这一过程中，我们始终把握好一个度，即澄清事实而不指责媒体。

其次，蓝皮书官方微博密切关注媒体及其"大V"们的言论动态，将各大媒体的报道评论，以及"大V"们的观点态度进行评论转发，引导舆论，消解误读。这为第二天各大媒体的报道定了调。《人民日报》发表题为《微博"国家队"异军突起》

的消息，对蓝皮书的相关内容作了报道，并在"谣言"部分详细解读，使"微博热点三分之一是谣言"的说法不攻自破。《京华时报》在题为《耐人寻味的微博谣言比例》的评论中分析认为："这个中国由社科院新闻所和社会科学文献出版社联合发布的《中国新媒体发展报告》，当然只是一种学术性的分析与研究，同时研究样本也仅是 100 件微博热点舆情案例，不能由此判定微博谣言的比例就是 1/3。但这一数字仍然对我们提出了警示。"东方网在《不妨都读一读"中国新媒体发展报告"》一文中，对蓝皮书的重点内容进行解析，文章结尾处还对新媒体蓝皮书给予了高度评价："《中国新媒体发展报告》内容丰富，数据翔实，信息密集，含金量高，很值得研读、咀嚼，使我们在新媒体蓬勃发展、众声喧哗中保持清醒，独立思考，既不颟顸迂腐落伍，也不人云亦云随大流。"截至 6 月 26 日晚，当天的相关网络新闻超过 400 篇，相关论坛帖文则超过 2200 篇，相关微博超过 6 万条。27 日，《人民日报》又刊发了署名李浩燃的评论文章《"1/3 谣言"从何而来》，指出"1/3 有谣言"不等于"1/3 是谣言"，"该媒体对社科院报告的解读无疑出现了偏差。"从而使得由《北京晚报》标题引发的突发舆情危机完全转向了对我们有利的局面。

最后，及时接受媒体采访，对质疑主动正面回应，不回避不躲闪。在应对了"微博热点三分之一是谣言"的舆情危机后，接踵而至的是另一个热点：微博用户的"三低"特征，即我们在蓝皮书中指出的微博用户"学历低、年纪轻、收入少"这一判断。对此，网络上质疑声响成一片。针对媒体和网民的质疑，我们有重点地选择了一些可靠的媒体统一做出回应。传统媒体中我们选择了《北京青年报》和《环球人物》杂志，网络媒体中我们选择了人民网"强国论坛"，作为我们发声的渠道。6月26日，蓝皮书的主编接受了《北京青年报》的采访，回应了"三低"的由来，次日该报刊登了记者报道《微博用户学历低是咋统计出来的》。6月27日，蓝皮书主编又接受了《环球人物》杂志的采访，该刊在第18期刊登了专访《唐绪军：微博情绪不是社会主流情绪》。6月27日下午，新媒体蓝皮书主编和副主编共同做客人民网"强国论坛"，与网民在线交流，对网民热议的话题给予详细的回应。蓝皮书官方微博也进行了微博直播，发布访谈摘录，以及网友与主编、副主编的互动内容。通过访谈为网友提供了及时、清晰的蓝皮书热点问题解读，进一步扩大了新媒体蓝皮书在网民中的影响。

这几年在新媒体蓝皮书的推广宣传中，我们也发现，学术话语与大众话语确实存在一定差异。学术话语讲究前提条件和具体环境，任何结论和观点都是在一定条件和环境下得出的相对结论，这种结论不是放之四海而皆准的。但是，当你把这样的学术话语投放到公共领域时，媒体会把这种话语的条件和环境给剪裁掉，这样往往就会把相对真理推向谬误，引发讨论和争议。当然，对于我们来说，引发讨论和争议没有什么关系，只要我们做的研究是扎实的、有根据的，就不怕讨论和争论。所以，这几年在新媒体蓝皮书各种观点的传播过程当中，我们会利用热点制造热点，顺势而为。有了热点，有了关注，新媒体蓝皮书自然也就火了。

我们的体会是，掌控话语权要做到"五有"。第一要有底气，坚实的话语基础是你的底气；第二要有思想，科学的话语概念承载着你的思想；第三要有自信，严谨的科研方法是你的自信；第四要有手段，多样化的言说方式是你的手段；第五要有分寸，把握火候、适可而止是你的分寸。

现代智库建设与皮书研创工程[*]

房 宁[**]

一 智库研究与普通学术研究的区别

智库是工业化、现代化进程的产物，它为现代国家发展和社会管理提供意识形态和战略策略支持，提供政策咨询服务，同时也是现代社会科学研究的重要平台。现代智库研究在性质与功能以及组织结构与研究方法上等诸多方面，都与普通社会科学研究有很大区别。现代智库具有独特的服务对象、研究对象和方式、功能和组织方式。

1. 服务对象不同

智库研究与普通学术研究服务的对象是不同的。普通学术机构，特别是我们现在的大学里面的普通社会科学研究，主要是为

* 本文根据中国社会科学院政治学研究所所长房宁在第十六次全国皮书年会（2015）上的讲话录音整理而成。

** 房宁，中国社会科学院政治学研究所所长。

了服务"学生",这个"学生"可以是广义的。现代智库的主要服务对象是政府与企业,是为国家与社会探索和解决建设与发展中的实际问题,拿出政府和企业面对的重大问题的解决方案。

2. 研究的对象和方式不同

智库研究与普通学术研究的对象和方式是不同的。简单地说,普通的社会科学研究,很大程度上是在研究"知识",对已有知识进行更加清晰、更加系统的概括。而智库研究主要是以研究"问题"为主,目的是解决国家建设、经济社会发展中的实际问题,它是原创性的。普通社会科学研究,其实大量的文章都是二度创造,都是案头研究、文本研究,然后把它加以结构化。不能说它没有创造性,也不能说没有价值。但这种价值和智库研究是不同的。智库研究是从无到有,讲究原创的。智库研究的主要价值是在社会发展进程中探索未知、创造新知;而普通学术研究的主要价值是传承文明、传播知识。

3. 功能和组织方式不同

智库研究与普通学术研究的功能和组织方式是不同的。这可以从多方面展开。普通的社会科学研究是以自选题为主,要服务政府和企业,主要以交办和委托课题为主。普通学术研究在很大程度上,可以以个体研究的方式进行,可以是局限于某一学科之内,以单一角度进行研究。而智库研究则具备综合性,智库研究着眼解决重大实际问题,首先不能局限于普通学术研究中形成的传统学科范围,同时由于实际问题的现实性、复杂性,一般情况下必须是以多专业、多学科的综合配备的学术研究团队才能胜任,要解决问题,一管之见是不行的。

二 智库发展的三个境界

根据对国外智库发展状况的了解考察以及自身从事智库研究工作的体会，我们认识到智库的建设与发展具有一定规律性。智库研究在我看来有三个阶段，或者说是三个境界。一是专门化，二是专业化，三是职业化。

1. 专门化

智库研究的专门化是指：智库以及智库研究人员专门从事某一领域或某项政策的研究咨询工作。从学术水平来说，研究者应对所研究的对象或在研究的领域对主要问题的前世今生、"左邻右舍"、"形"之上下等，对研究对象的由来、进程和发展趋势，对其与相关领域、问题的关联和影响及其在思想意识形态层面涉及的理论问题及争议等，都有全面的研究和清晰的了解。应当说，做到了专门化，就具备了智库研究的基础。目前，我国一些最好或最接近现代智库的研究机构，如中国社会科学院的一些研究所应当说就处于这样的水平。

2. 专业化

智库研究的专业化是指：智库研究工作所需的专属研究方法、研究技术、研究手段和研究积累。国外知名智库的研究工作都是建立在系统调研、经验积累、数据支持、信息反馈与评估等项工作为特征的专业知识与技能的基础之上的，即形成了一种专业化的智库研究方法。

智库目前最大的问题就是专业化，智库的"专业化"不是我们一般理解的专业化，智库的专业化要有核心知识产权，也就是专门的技术。我们现在的智库，经常采用采样法、大众抽样法等分析方法，但这些都不是"专门"的技术。智库研究与普通社会科学研究最显著的差别在于，普通社会科学研究方法是一般性的，如分析法、归纳法或"田野调查"、"口述历史"等。而智库之所以能称为智库，关键就在于它能发展出研究专门领域与专门问题的特殊方法。一般来说，专属研究方法的使用对象和范围不是研究对象的一般状态，而是聚焦于研究对象的运行与操作层面，从而带来更为实用和具体的研究成果，而非泛泛而论的普通知识。这类专属研究方法往往是各类智库所拥有的核心技术。智库要有创新性，要有自己的方法体系。目前，我国具有专属研究工具与技术的智库还不多。我国智库与所谓"现代智库"主要差距也在于我们还普遍缺乏国外智库具有的那种专属研究方法，因而还难以达到专业化的水准。

3. 职业化

智库的职业化是指：智库及其成员是以专门化、专业化的智库研究为基本职业和谋生手段，并形成一种独特的智库评价系统，评判智库及成员的价值与水平。职业化就是市场演练，智库的最终目的就是要达到职业化的标准。智库最重要的，也是最终目的，就是走向职业化。就是能够用你的产品，来养活你自己，来实现你的价值。这才是真正的智库。

智库说到底是一种职业，是现代咨询业的重要组成部分。智库学者的职业属性是咨询师，普通社会科学提供的是公共产品，其投入主要应由政府负责，评价也要由公众以一种比较宽泛而不甚精确的方式进行。而智库为特定用户提供服务和产品，其服务水平和产品价值要由用户来评判。一个现代智库要能真正站住脚，理想的标准就是能够依靠自身的研究产品而生存和发展。靠财政供养或政府支持的智库，还不能说是成熟的智库。从世界范围看，现代智库必须以提供政策规划、研究和咨询为生，商业条件、竞争环境是智库生存发展的必备条件与环境。

三　智库建设与皮书研创工程

1. 智库建设的三个基础

我国推进新型智库建设，让智库达到专门化、专业化、职业化需要有三个基础。第一，我们需要有适应和促进新型智库成长的机制体制。第二，要有智库人才。就政治学来讲，政治学方面的智库人才要对中国整个社会的运行、政府的政策有所了解。培养智库人才很难，这跟培养研究学者是两个概念。没有 10 年的调研经验是做不了智库的。第三，要有技术支撑。专业化智库的专业研究方法与研究工具需要大量的知识积累，需要规模巨大的数据库的支撑。

2. 皮书作为智库研究信息平台的重要性

提到皮书，想做到专业化，想做到职业化，就需要大量的知识积累，需要规模巨大的数据库支撑。既然要有专业的工具，也要有专业的支撑体系，包括知识体系、方法论和结构化的数据。社会科学文献出版社的努力，使中国开始具有了一个规模可观的智库研究的信息平台。现在的皮书，特别是社会科学文献出版社的皮书系列，在这方面做得最好。

3. 对皮书研创工程的期待

我们的皮书，应该有一个近期的目标，就是"标准普尔"。

标准普尔的母公司麦格罗·希尔公司（McGraw – Hill）成立于1888年，是一家全球信息服务供应商，最主要的品牌包括标准普尔、《商业周刊》和麦格罗·希尔教育。在金融服务领域，标准普尔是世界上最主要的金融分析及风险评估服务商。在教育领域，麦格罗·希尔教育在美国 K – 12 教育市场中排名第一，并且在高等教育及职业信息方面位列首位。标准普尔已成为一个世界级的资讯品牌与权威的国际分析机构。我期待再过十年，我们提到（社会科学）文献出版社，就不叫"文献出版社"，叫"标准文献"。

最后祝皮书工程继续健康迅速发展，祝愿皮书建设取得更大成就，祝愿皮书工程培养出更多的年轻才俊。

皮书与智库建设篇

智库需要学术支撑[*]

江　畅[**]

摘　要：20 世纪 80 年代以来智库在全世界急剧增长，而我国名义上的智库很多，实质性的智库极少，不适应我国党和政府决策的需要，所以必须大力加强智库建设。但是，在智库建设的热潮中，存在"蜂拥而上""大跃进"的做法，其重要原因在于把智库理解为"计策库"，而不是理解为思想库。真正的智库是依托学术成果或基础研究成果来研究解决现实问题的思想库。

关键词：智库　智库建设　学术支撑

智库（Think Tank）有很多不同的叫法，如政策研究所

---

　* 本文根据湖北大学江畅教授在第十六全国皮书年会（2015）上的讲话录音整理而成。
　** 江畅，湖北大学哲学学院教授、博士生导师，长江学者特聘教授，湖北大学高等人文研究院院长，湖北文化建设研究院院长，中华文化发展湖北省协同创新中心、湖北省道德与文明研究中心主任。

（院）、研究所（院）等。一般来说，智库是一种从事社会政策、政治战略、经济、军事、技术和文化等方面研究并提出主张的组织。智库组织可以追溯到 19 世纪，现代意义的"智库"概念源自 20 世纪 50 年代。智库在全世界的真正急剧增长是在 20 世纪 80 年代以后，而这是全球化、冷战结束、全球性问题和跨国问题增多的结果。今天存在的智库，有 2/3 是 20 世纪 70 年代后建立的，一多半建立于 20 世纪 80 年代以后。有统计显示，全世界至少有 6800 家智库机构。智库有不同的类型。一般来说，智库因意识形态观点、资金来源、研究主题和预期用户不同而不同，但其根本目的和主要任务是针对公共政策方面的问题进行对策性研究，并提出自己的主张。这是智库的突出特点。从研究性质来说，智库从事的研究属于应用研究，而不属于基础研究。

一　我国智库建设亟待加强

智库研究的应用性质，决定了对智库的理解以及在智库建设方面容易发生偏差，即认为智库只需针对问题进行对策性研究，而忽视这种研究的学术支撑或学理基础。相应地，在组织智库研究队伍方面不重视必要的基础研究人员，在利用研究资源方面不重视基础学术资源，在研究取向方面缺乏研究者应有的中立立场，其严重后果是使智库研究陷入"头痛医头、脚痛医脚"的应景研究，成为政府或者领导人"御用智囊"，甚至蜕变成谁出资为谁出主意的唯利是图的变相谋利机构。智库的这种短视性、唯"上"性和功利性，自智库一问世就存在，并在我国目前大规模的进行智库建设过程中表现的更明显、更严重。

在我国古代就存在为领导人出谋划策的机构或人士，通常称为"幕僚"。中华人民共和国成立以后，特别是实行改革开放后，适应现代化建设的需要，党政机关都设立了"政策研究室""发展研究中心"等机构。这些机构大致上相当于古代的"幕僚"，它们不是真正意义的智库机构，而是领导机关或领导人的"参谋"部门。我国的"社会科学院"，看起来有些像智库机构，但是，它既做应用研究，又做基础研究，而这两类研究常常是分离的。做应用研究的人不做基础研究，而做基础研究的人不做应用研究。甚至同一个主题做两方面研究的人也是分离的，应用研究不过是为了完成单位规定的工作任务。目前我国高校倒有一些具有智库性质的研究机构，如研究所（院）、研究中心、协同创新中心，其特点是基于基础研究进行应用研究，但问题是，他们常常缺乏给党和政府提供主张的路径。总体上看，我国名义上的智库很多，实质性的智库极少。

我国智库的现状不适应我国党和政府决策的需要，所以习近平总书记提出要大力加强智库建设，中共中央办公厅、国务院办公厅还于 2015 年 1 月 20 日印发了《关于加强中国特色新型智库建设的意见》（以下简称《意见》）。《意见》对中国特色智库建设的重要意义、指导思想、基本原则、总体目标、发展格局、管理体制、保障体系、组织领导等做出了统一部署，规定了它的基本性质，这就是中国特色新型智库是以战略问题和公共政策为主要研究对象、以服务党和政府科学民主依法决策为宗旨的非营利性研究咨询机构，并且提出了中国特色新型智库应当具备的八条基本标准。这个《意见》的出台必将大力推进我国智库建设，改变我国智库落后的局面。

二 我国智库建设存在的问题及原因

智库建设是一个长期的、逐渐积累的过程，切忌"蜂拥而上""大跃进"的做法。据我们了解，目前智库建设比较流行的做法是：第一，在高校、社会科学院到处组织智库机构，不太考虑已有的学科结构和学理基础，智库建设与学科建设不对接、不配套；第二，把智库理解成了"急诊所"，认为智库就是针对问题给政府提供决策方案、为领导分忧解愁的，这样智库就成了党政机关编外的"政策研究室"；第三，高校和科研机构尽一切可能向党政机关靠近，投其所好，一方面希望能纳入智库建设项目范围，另一方面则希望得到党政机关提供的相应项目，而不考虑本单位的优势和特色，不考虑学术支持的可能性。

我认为，目前智库建设过程中存在的这些偏向是有严重问题的。不难想象，如果我国的智库机构都成为"急诊所"式的决策咨询机构，我国党和政府的决策怎样可能达到"科学民主依法"的要求？

我国目前智库建设存在的问题是多方面的，但问题的关键是对智库的理解存在偏差，而其根本偏差则在于把智库理解为"计策库"，理解为提供妙计的"锦囊"，而不是真正理解为思想库。我们现在所说的"智库"是从西方来的，它的对应词是"思想库"（Think Tank）。就是说，智库的本意是思想库，它是提供思想的，而提供思想的人是思想家。思想当然包含计谋、对策，但不只是计谋和对策。我们每一个人都有思想，都能针对问题想出计谋和对策。显然，思想库的思想不同于普通人的思想，思想库的计谋和对策也不是普通人的计谋和对策。它们与普通人甚至领导人的计谋和对策之间的不同在于，它是有学术作支撑的，或者说有学理提供支持。

学术归根到底是为人类的决策服务的，是决策的依据。学术的决策依据与其他的决策依据不同，它是一种考虑深度更深刻、考虑范围更广阔的决策依据。例如，我们做出加强智库建设的决策就可能出于两种不同的基本考虑：其一，只是根据表面的因素联系为应对当前我国改革发展过程出现的各种问题提出对策；其二，根据对当代中国社会转型和人类全球化、现代化、市场化研究的最新成果，将当代中国问题置于这种背景和话语中考虑其相应的对策。后一种考虑显然是有学术支撑的，而前一种不一定有。前一种对策是政研室可以提供的，后一种对策则只有真正意义的"智库"才可以提供。我们建立智库就是为了给党和政府提供后一种对策，而不是为了提供前一种对策，因为前一种对策已经有"幕僚"们提供，不一定需要"智库"提供。

三　我国智库建设必须依托学术

为什么19世纪以来的西方和当代中国需要以学术为支撑的智库呢？这是因为伴随着人类包括中国的全球化、现代化和市场化进程的加快，日益明显地出现了这样一种新的情况：一方面一国、一地区的问题与他国、他地区的问题乃至整个人类的问题紧密联系在一起，另一方面政治问题、经济问题、文化问题、环境问题、民生问题等各种人类生活问题难解难分地纠缠着，而这两个方面又错综复杂地纠缠在一起。这些错综复杂的问题涉及人类科学的不同领域，需要运用这些科学领域所确立的科学原理来解释这些问题，并结合实际情况来提供解决问题的对策。这就是智库的独特意义和作用之所在。智库的使命说到底就是依托学术成果或者说基础研究成果来研究解决现实的实际问题。有了这样的研究，我们提供的对策就不会是"头痛医头、脚痛医脚"的对策，而是统筹兼顾、标本兼治的对策，根据这种对策建议做出的决策就不会发生或少发生方向性、全局性的致命性错误。

正是基于上述考虑，我在此特别提出，我国的智库建设一定要坚持以学术为支撑的原则，切忌在学术界之外、脱离学科再建一批编外政研室。编外政研室提供的对策虽然可能比编内政研室要客观、公允一些，至少可以给党政机关多提供一些对策方案，但它不能真正承担"智库"的角色。依赖这样的所谓"智库"不能真正解决我们实际生活中面临的各种复杂现实问题，更不能依靠它们提供的方案解决我国发展战略问题和重大公共政策问题。没有学术支撑的智库不是真正的智库，真正的智库必须有学术支撑。

参考文献

中共中央办公厅、国务院办公厅印发《关于加强中国特色新型智库建设的意见》，新华网，2015 年 1 月 21 日。

习近平总书记关于智库建设的系列讲话。

向世界说明一个真实的中国[*]

——上海交大舆情研究实验室在智库与中国话语体系建设中的探索

谢耘耕^{**}

摘　要： 皮书在构建中国话语体系和智库建设中扮演着独特角色，上海交通大学舆情研究实验室作为一个学术研究与智库建设并重的机构，通过打造蓝皮书等智库产品，在构建中国话语体系和发挥智库功能方面做出了自己的探索：一是加强数据库建设，强化实证定量研究；二是按照国际学术规范，提升研究专业性和科学性；三是强化精品意识，提升蓝皮书质量；四是加强国际出版，提升国际影响力；五是加强媒体宣传，扩大研究影响力。

关键词： 智库　话语体系　皮书　数据库

---

  * 本文根据上海交通大学媒体与设计学院副院长谢耘耕在第十六次全国皮书年会（2015）上的讲话录音整理而成。

** 谢耘耕，上海交通大学媒体与设计学院副院长，上海交通大学舆情研究实验室主任，教授、博导，研究方向为新媒体、公共舆论、危机管理。

一 构建专业数据库，发布权威研究报告

1. 好"故事"需要客观的话语体系和科学的表达方式

伴随中国经济总量的持续增长和国际地位的不断攀升，中国形象、中国观点、中国责任正日益被世界关注。要向世界更好地传播真实的中国声音，中国智库需要贡献更多的智慧，以增强自身的国际影响力，努力使自身融入国际主流话语体系之中。由美国宾夕法尼亚大学编写的《全球智库报告2015》显示，当前中国以435家智库数量排名世界第二[①]，不可谓不多，但是普遍缺乏国际影响力，且以官方智库为主。所以，缺乏高质量的新型智库成为当前中国智库发展的瓶颈。

中国社会的快速发展和引人注目的社会变化，为社会科学家提供了机遇也带来了挑战。我们认为，向世界说明真实中国的一个有效途径就是讲好中国"故事"。相比单纯的理论和说理，"故事"更容易得到国际民众的认同和理解，也有利于消除西方社会对中国的误解。当今中国有许多好"故事"，这是中国智库走向世界的有利方面，但如何以客观的话语体系和科学的表达方式呈现中国社会的发展变化，如何讲好中国故事，这对中国智库来讲又是一个很大的挑战。我认为讲好中国故事一个很重要的方式是实证研究。实证研究以客观搜集的资料和数据为依据，以相对科学的方法和步骤为操作规范，大胆假设，小心求证。借助实

---

① 康登慧：《中国智库整体发展迅猛 数量位居世界第二》，人民网，2016年1月28日，http://world.people.com.cn/n1/2016/0128/c1002-28091946.html。

证研究，我们可以更好地与国际主流话语体系对接，进而实现对话，因此，实证研究是对中国社会科学家提出的一个迫切要求。未来中国智库发展和中国话语体系建设也需要社会科学家更多地采用实证、定量的研究方法，将研究构筑在经验数据而非纯粹想象的基础上。

2. 上海交通大学注重建设专业数据库，强化研究报告的定量研究

高校的社会科学研究机构承担着很多智库的功能。近几年来，上海交通大学舆情研究实验室依托上海交通大学强大的大数据挖掘和社会调查的优势，不断地发展建设自己的专业数据库，发布权威的研究报告，努力向世界说明一个真实的中国，构建中国的话语体系。目前已初步建成三大专业数据库：中国公共事件数据库、民生调查数据库和中国大学生调查数据库。依托这些数据库，上海交通大学舆情研究实验室连续出版了舆情蓝皮书《中国社会舆情与危机管理报告》、民调蓝皮书《中国民生调查报告》、《中国城市品牌认知调查报告》等，另有《中国社会舆情与危机管理报告》和《新媒体与中国社会发展》外文版即将由德国著名的学术出版机构 Springer 出版。

二 皮书与中国话语体系建设

智库都有自己的核心产品，包括内部报告、研究报告、论文发表、图书出版等。皮书是智库机构发布权威报告的一种重要形式，它应该具有前沿性、专业性和权威性等特征。皮书在中国话语体系和智库建设中扮演着独特角色，发挥着重要功能。

1. 智库产品的有效载体

目前，不少政府部门、科研机构的学术成果采用皮书的形式进行发布，皮书已经成为一种极具社会影响力和公信力的智库产品载体。特别是在"两会"期间，大量皮书集中发布，为参会代表提供了参政议政的重要依据。

2. 政策发布的先声

皮书是一种具有话语权的载体。当政府或有关部门准备出台某项政策时，可以通过相关领域专业机构或专家发声，以皮书的形式提前发布部分信息，释放"决策气球"，试探社会的反应。

3. 舆论引导的平台

皮书囊括了国内外政治、经济、文化、社会等领域的大量信息，需要借助平面媒体和网络媒体进行传达。相关媒体不仅可以从皮书中获取大量的新闻素材，还可以通过皮书这一载体与各领域专家进行对话，从而科学、理性地引导社会舆论。

4. 学术研究的基础库

皮书是研究当代中国最重要的基础数据库之一，政治学、社会学、新闻传播学、国际关系与国际政治等社会科学领域的学者，在以现实问题为论题撰写论文时，引用的数据资料不少即源自皮书。

皮书作为一种连续出版物，对于文化传承也颇具意义。随着时间的推移，皮书的价值会越来越大。近年来，皮书在中国话语体系构建中的作用日益凸显，中国一些重要的智库组织以"皮书"的形式发布研究报告，服务于党和政府决策，不仅有效提升了对决策的影响力，有的还被翻译成多种文字在世界各国出版和传播，在国际上的影响也与日俱增。

三　上海交通大学舆情研究实验室打造蓝皮书等智库产品、构建中国话语体系方面的运作理念、模式及经验

1. 上海交通大学舆情研究实验室的基本情况

上海交通大学舆情研究实验室创建于 2010 年，实验室依托上海交通大学强大的信息安全技术优势，整合新闻传播学、社会学、管理学、心理学、信息安全等多学科资源，组建跨学科研究团队，文理工结合开展公共舆论基础研究。通过构建"综合舆情研究框架"，将大数据挖掘、模拟仿真、社会调查、心理实验等多种研究方法融合起来，对现实民意和网络舆论进行系统研究，为中国社会舆情和危机传播研究提供了新的理论视角和研究方法，提升了本研究领域的科学性、前沿性，并开始得到国际同行的认可。

近几年，上海交通大学舆情研究实验室先后成为"中共中央宣传部舆情直报点""国家社科基金决策咨询点"、国家互联网信息办公室的"互联网研究基地"，以及"上海市人民政府决策咨询研究基地""上海哲学社会科学创新基地"和"上海交大985 基地"。2015 年，上海交通大学舆情研究实验室还发起并创建了中国新闻史学会舆论学研究会，以学会为纽带，团结全国学术力量，构建中国舆论学科知识体系，推动中国舆论学研究实现跨越式发展；2016 年，上海交通大学舆情研究实验室还成为亚洲舆论学会副会长单位。

作为一个学术研究与智库建设并重的机构，上海交通大学舆

情研究实验室以服务国家战略为导向，定期为中宣部、中组部、国新办、教育部等国家部委和上海市人民政府提供决策咨询报告，研究成果先后被中宣部、国家互联网信息办公室、全国哲学社会科学规划办、教育部、公安部、上海市人民政府等部门采纳，受到有关部门和领导的多次表彰。其中，4份专报被全国哲学社会科学规划办《成果要报》采纳并报送党和国家领导人，5份内部报告被评为教育部优秀决策咨询报告。全国哲学社会科学规划办对此发出通报，表彰实验室主任谢耘耕"作为哲学社会科学研究工作者，自觉关注现实问题，深入开展调查研究，努力推出高质量的学术研究成果，体现了较强的责任感和使命感，为国家社科基金更好地服务党和国家工作大局做出了贡献"；国家互联网信息办公室也专门发来感谢函，称"上海交通大学舆情研究实验室为服务领导决策发挥了重要作用"。

2. 上海交通大学舆情研究实验室的运作模式

舆情研究实验室的运作模式，用一个概念说就是，"2 + X"模式。"2"为"大数据挖掘"与"社会调查"，我们以大数据挖掘和社会调查为核心，建立了中国公共事件数据库、民生调查数据库、中国大学生调查数据库，为各项决策咨询报告提供数据和研究方法支撑；"X"为多支以问题为导向的跨学科研究团队，包括民意与舆情研究团队、社会民生问题研究团队、城市形象研究团队、新媒体与社会研究团队和危机管理研究团队。

3. 上海交通大学舆情研究实验室的运作经验

（1）加强数据库建设，强化实证定量研究

上海交通大学舆情研究实验室将大数据挖掘和社会调查结合起来，运用新媒体研究技术，大数据挖掘、开发和处理技术，以及网络舆情监测与预警系统，创建了中国公共事件数据库、中国民生调查数据库、中国大学生调查数据库三大权威样本库和数据库。其中，中国公共事件数据库拥有国内自 1994 年以来的 40000 余起重大公共事件案例以及数以千万的数据，并形成突发公共事件、企业舆情、意见领袖、网络谣言、网络动员、公共政策、网络热词七大案例库、数据库。民生调查数据库包括教育、食品安全、环境、医疗、社会保障、劳动就业、收入分配、住房、物价、交通等多个领域的民生调查数据；中国大学生调查数据库则包括大学生价值观、媒介使用习惯、行为与态度等多项调查数据。以数据库为依托，通过准确收集数据、科学分析数据，研究实验室发布了多种独家报告，既为党和政府提供决策参考，同时也努力向世界呈现真实的中国，为相关学术研究提供大量有价值的数据，促进了中国人文社会科学的发展进步。

（2）按照国际学术规范，提升研究专业性和科学性

一个智库产品要有国际影响力，首先必须符合国际学术规范，具有专业性和科学性。在专业性和科学性建设方面，上海交通大学舆情研究实验室秉持开放原则，采取"走出去"和"请进来"并用的办法，努力建构与国际接轨的一流科研平台：一是选派年轻老师和博士生到国外访学，这两年先后有 8 人到美国著名高校访学进修。二是先后邀请 20 多位国外及港澳台一流大学的知名学者到交大讲学，共同参与我们的研究项目。自 2012 年起，实验室与英国牛津大学、美国杜克大学、全美中国研究会等国外知名大学和学术机构合作，每年创办"新媒体与社会发展全球论坛"，为中国和国际新媒体与舆论学领域顶尖学者对话交流提供平台。三是与英国牛津大学互联网研究中心、美国宾夕

法尼亚大学、俄罗斯莫斯科大学等多所世界一流高校建立了合作关系，围绕全球化时代的各项网络社会治理问题共同展开研究。

（3）强化精品意识，提升蓝皮书质量

上海交通大学舆情研究实验室自成立以来连续推出舆情蓝皮书《中国社会舆情与危机管理报告》、民调蓝皮书《中国民生调查报告》、《中国城市品牌认知调查报告》等，这些报告均产生了较好的社会反响，在国际上也引起了一定的关注。其中舆情蓝皮书《中国社会舆情与危机管理报告》自 2012 年起被列入教育部人文社科研究报告培育项目，2013 年度舆情蓝皮书还获得了教育部高等学校科学研究优秀成果奖（人文社会科学）二等奖。民调蓝皮书《中国民生调查报告（2014）》则被有关机构列为 2015 年全国"两会"代表必读书目。

精品的产生源于精品意识的不断强化、多年理论的积淀和开放式学术的理念。为保障蓝皮书质量，实验室以打造中国一流皮书为目标，提出每年的蓝皮书均要在上年基础上有所创新，理论视野和方法路径上有所突破；同时，以理论为先导，一方面重视应用对策研究，另一方面注重舆论学基础理论研究和创新，通过不断深入开展新媒体与舆论学基础理论研究，为应用研究提供坚实的支撑；另外，作为中国新闻史学会舆论学研究会会长单位和亚洲舆论学副会长单位，上海交通大学舆情研究实验室依托中国新闻史学会舆论学研究会和亚洲舆论学会两个平台，团结国内国际舆论学研究者，共同开展相关研究。国内外学者的加盟，为蓝皮书注入了新鲜的血液，也有力提升了蓝皮书的整体质量。

（4）加强国际出版，提升国际影响力

一方面，我们加强国内出版，同社会科学文献出版社保持紧密合作，另一方面我们也希望进一步加深跟国际学术机构的合作，以增强本研究机构的国际影响力，加强与国际同人的对话交流。目前，上海交通大学舆情研究实验室的成果——《中国社会舆情与危机管理报告》和《新媒体与中国社会发展》的外文版已编校完毕，即将由德国著名的学术出版机构 Springer 出版。其中，《中国社会舆情与危机管理报告》分为"中国舆情报告""公共事件网络传播""中国公众对政府满意度调查"三大板块，对 2003 年以来的中国网络舆情重大事件，公共事件中网民、意见领袖等相关主体的网络传播行为，政府公众满意度等进行了研究，力图较为全面客观呈现中国社会舆情的个中特征和规律。《新媒体与中国社会发展》探讨了新媒体对近 20 年中国社会发展的影响，涵盖的范围包括新媒体环境下公民政治参与、公共舆论、商业模式、公民文化生活、公共商业模式变迁等多个方面。

（5）加强媒体宣传，扩大研究影响力

"智库的影响力构建离不开舆论传播。智库的功能，一是建言决策，二是影响舆论。只有智库研究和舆论传播密切结合才能扩大智库影响力，优秀的智库研究成果应以多种传播手段、借助各类媒体平台进行推广和传播，才能构成智库发展与舆论传播的新形态。"[①] 每部蓝皮书出版后，我们都会组织召开新闻发布会，邀请全国各大媒体参与。通过媒体的报道，实验室的研究成果得到了广泛的社会认可，扩大了社会影响力。一些研究报告在国内外反响热烈，报告内容被《人民日报》、新华社、中新社、中央电视台、《中国日报》《中国青年报》《解放日报》《文汇报》

---

① 赵剑英：《促进智库发展 提高传播能力》，《光明日报》2016 年 2 月 17 日。

《新民晚报》《广州日报》等全国各大主流媒体以及新加坡《联合早报》等海外媒体纷纷报道，中国网、人民网、新华网、中国新闻网等各大网站纷纷转载。

结　语

近年来上海交通大学舆情研究实验室通过打造蓝皮书等智库成品，不断尝试采用综合舆情研究框架及世界前沿的科学研究方法，测量中国社会肌体的体温，发现中国社会肌体的兴奋点与疼痛点，探寻隐藏其中的隐患、病灶与弊端，不但向世界展示了一幅转型期中国社会的真实图景，还试图寻找国家和社会治理的良策，以促使我们的社会肌体更加强健。未来实验室将继续秉承理论研究与应用研究相结合原则，以国家战略为导向，将全媒体研究、舆情研究的方向、路径和策略与国家发展战略性需求相对应，努力成为国家舆论引导战略、危机应对管理策略的创新来源、政府决策科学化的智力支持系统，以及具有国际先进水平的一流社会科学研究中心和全球协同创新基地。

以皮书为载体构建
对外话语体系的若干思考[*]

郑春荣[**]

摘　要：皮书是发挥智库影响力和构建对外话语体系的重要载体。本文介绍了"德国蓝皮书"课题组在构建对外话语体系中取得的经验和存在的不足，并提出了相应的改善路径。

关键词：皮书　德国蓝皮书　对外话语体系　智库

近年来，"德国蓝皮书"课题组在如何发挥好皮书在构建对外话语体系的作用方面做了一些初步的探索。通过对这些经验的总结和交流，可以使我们对这个问题有更深刻的认识。

一　国际话语权构建与智库影响力

习近平总书记指出，"要加强国际传播能力建设，精心构建

---

　*　本文根据同济大学德国研究中心主任郑春荣在第十六次全国皮书年会（2015）上的讲话录音整理而成。

**　郑春荣，同济大学德国研究中心主任、教授，《德国发展报告》（德国蓝皮书）主编。

对外话语体系，发挥好新兴媒体作用，增强对外话语的创造力、感召力、公信力，讲好中国故事，传播好中国声音，阐释好中国特色"①；"要注意加强话语体系建设"，"要善于提炼标识性概念，打造易于为国际社会所理解和接受的新概念、新范畴、新表述，引导国际学术界展开研究和讨论"②。这明确提出了构建国际话语权、对外话语体系的重要意义和具体路径。

国际话语权实际上是国家软实力的重要体现，一般来讲，国际话语权的实现由三个要素构成：一是作为话语权基础的国家硬实力，二是表达话语的工具、渠道和方式，三是独特并被广泛理解和接受的话语体系。③ 从中国来看，首先，国家实力逐步增强，国际地位不断提升；其次，中国话语构建的主动性日益增强，传播的渠道和方式不断丰富和多元；最后，一个具有中国特色、中国风格、中国气派的话语体系正在日益系统化。我们认为，中国对外话语体系的构建是一个渐进的过程，是通过"润物细无声"的方式，在包容中求创新。在这个过程中，智库及其影响力的发挥将起到重要作用，而皮书是其中一个重要的载体。

关于智库的评价标准，说法很多。其中有一种观点认为，智库有五大影响力：一是政策影响力，要成为思想库、智囊团，对政策能够产生实质的影响力；二是学术影响力，要有学术水准，并获得学术共同体的认可；三是媒体影响力，要能够在媒体上发

---

① 习近平：《建设社会主义文化强国 着力提高国家文化软实力》，2013 年 12 月 31 日，http://news.xinhuanet.com/politics/2013－12/31/c_ 118788013.htm。

② 习近平：《在哲学社会科学工作座谈会上的讲话》（全文），2016 年 5 月 17 日，http://news.xinhuanet.com/politics/2016－05/18/c_ 1118891128.htm。

③ 刘笑盈：《再论一流媒体与中国的话语权时代》，《现代传播》2010 年第 2 期，第 9 页。

声；四是社会影响力，即能够影响大众话语；五是国际影响力，包括对国际学术圈，甚至是对国际组织、外国智库和决策机构产生影响。在这五大影响力中，国际影响力无疑是与国际话语权的构建最紧密相关的。或者说，国际影响力是其他四大影响力（政策影响力、学术影响力、媒体影响力和社会影响力）在国际范围的作用。

皮书研创和智库建设是紧密相关的，只要是智库，一般都有自己代表性的产品，皮书就是其中的一种。以同济大学德国研究中心为例，智库建设和皮书研创是同步发展的。2012年，我们开始编写第一本蓝皮书，事实上，我们也是在那个时候正式把同济大学德国研究中心定位为高校智库的。现在，我们已经拥有了系列产品，包括：一个月两期的信息类刊物《德国快讯》，学术性的季刊刊物《德国研究》，不定期出版的《德国时事评论》，以及年度发展报告"德国蓝皮书"。这些智库产品虽分属不同的类别，出版的频次、文章的写法也各有不同，但这些出版物之间事实上有着密切联系，可以相互促进。

笔者认为，皮书，包括皮书衍生的产品和开展的活动，如发布会和相关研讨会，都可以参照前述"五大影响力"标准去筹划。只有这样，才能把通过皮书构建国际话语权的思想贯穿于皮书研创的整个过程。

二 "德国蓝皮书"在构建对外话语体系中的经验与问题

皮书可以作为构建国际话语权的一个重要载体，可以在国际范围产生政策、学术、媒体和社会影响力，为打破西方话语霸权、构建中国话语体系做出贡献。

近年来，在对外话语体系建构方面，德国蓝皮书课题组做了一些初步的工作。"德国蓝皮书"从 2012 年开始起步，逐步为德国的媒体和学者关注。第一年出版的时候，德国外交部支持下的一本杂志，即《德国》杂志，专门报道了"德国蓝皮书"的出版发行。后来德国《明镜周刊》在述及中德关系时也引用了德国蓝皮书的一些观点。2015 年，我们在北京与社会科学文献出版社联合召开了发布会，德国《世界报》也提到了皮书对德国外交的一些判断。我们完全可以设想，在将来，"德国蓝皮书"会日益成为德国方面了解中国学者对德国发展动态看法的一个重要渠道。

当然，我们应进一步思考，如何利用海外学者和媒体更好地传播皮书的观点，皮书影响力的提升其实和皮书的传播推广方式乃至皮书观点的表述方式有着紧密的关系。以下是我们在皮书研创中的一些经验和体会。

1. 吸纳国外专家进入智库研究团队和皮书研创团队

我们在进行智库建设的时候也聘用了外国专家。以同济大学为例，我们有一个德国研究中心（智库），一个可持续及新型城镇化智库，其他的小型智库放在一个总的网络里面，我们称之为"两库一网"计划。在这个发展计划里面，我们聘请了国外专家作为长期的专职人员在我们德国研究中心工作，例如我们现在聘有两位专职的德籍研究人员，其中一位是退休外交官。通过聘用外国专家，开展"在我研究、与我研究、为我研究"（Research by us, with us and for us），可以借助他们的网络把智库的声音、皮书的观点传递出去。除了聘请专职外国研究人员以外，每年还有众多国外学者来访学，通过和他们的学术交流，我们可以获得他们对一些问题的认识、了解他们的话语，由此有助于我们在皮书研创中有针对性地提出我们的话语。在 2016 年"德国蓝皮书"的研创中，我们在皮书国际化的道路上又向前迈出了一步：我们邀请了德国学者以及美国的德国研究学者参与我们的皮书研创，进一步扩大了"德国蓝皮书"的国际辐射度。

2. 加强与国际智库的联系与合作

我们的德国研究中心还和德国以及欧洲其他国家的智库建立了一些联系。比如，德国的德意志学术交流中心（DAAD）在全球范围资助了 20 多家德国和欧洲研究智库。他们通过资助这些国家在各地从事德国和欧洲研究，形成知德、友德和亲德的学者网络。我们也和这 20 多家智库有紧密的联系，它们也是我们宣介皮书的一个重要平台。另外就是在国际会议这个平台上开发布会，我所说的国际会议包括和德国内政外交、中德关系有关的学术性会议，各位皮书作者在会上发声，传递皮书的核心观点。例如，2015 年，我们和中国欧洲学会德国研究分会举办的国际学术会议结合起来召开皮书发布会，吸引了更多的德国学者和媒体的参与。

3. 扩大皮书及其观点的推广渠道

社会科学文献出版社无疑是皮书推广的一个很好的平台，它已经开发了非常完善的皮书系列及其衍生产品。当然，我们研究自身也做了一些推广活动，比如，接受各种媒体的访谈，另外我们也有自己的微信公众号。虽然这些内容还主要是中文的，但至少能够为那些较长时间在中国生活、工作的国外学者所了解。

4. 注意创新概念的传播与推广

皮书特别强调原创性，同时非常注重连续性。连续性是其一个非常重要的优势。话语体系的建构是通过一个个概念的不断论证、讨论和传播而完成的。我们可以在皮书中提出一个概念，这个概念很前沿，很创新。但是你如果只说了一遍，别人可能听不进去，也不一定能产生很大的影响力。好话不怕说千百遍，围绕这个概念进行讨论，把一些晦涩的学术概念说透，把相对专业的学术话语转化为公共话语、大众话语，说的人多了，就有可能成为主流的话语。

当然，必须承认，我们在建构对外话语体系方面也存在一些亟待改进的问题。首先，我们参与构建对外话语体系的意识和主动性还不够强，不少情况下，要么人云亦云，要么自说自话，还未能做到"我说你听"，进而实现"我话你也说"。其次，语言的障碍制约皮书的推广。话语的翻译也是一个问题。有时候跟德国人交流时，我们会讲一些绕口令的话或者带典故的话，这些话不是很好翻译。此外，截至目前，我们还没有出外文版"德国蓝皮书"。通过参加皮书年会，我们了解到，有不少皮书课题组已经迈出了这一步，这对我们来说也是一种激励，我们要朝着这个方向努力。2015 年是中德创新合作年，除了"德国蓝皮书"，我们还编了一本书——《德国创新能力的源泉与基础》，由中德两国学者共同参与撰文。这本书将出中德双语版，目的是想把此书也推介给德国读者，让他们了解中国学者对德国创新能力的看法。我想，未来如果我们能够和研究中国创新的其他皮书编写组合作，以比较的视角出版一本书，可能更有意义，也能在国际范围引起更多的关注。

三　发挥皮书在对外话语体系构建
中的作用的路径探索

第一，要提高皮书研创的立意，不断提升皮书的内容质量。我们要有一种参与构建对外话语体系的使命感，要从这样一个视角和高度去进行我们的皮书研创。要敢于和善于在皮书中亮出中国学者的观点，体现中国情怀和中国智慧。

第二，我们要善于设置国际性议题，尤其是在进行国际问题研究的时候，要避免陷入以西方为中心的话语体系。我们要善于"议题冲浪"（Agenda Surfing），了解国际范围关心的议题，这有助于我们自己的议题设置（Agenda Setting），并避免西方别有用心挑起的议题，即在必要时要做"议题切削"（Agenda Cutting）。由于德国媒体对中国的报道经常较为负面，因此，如何在对德传播中纠正德方的片面看法和负面认知，就显得很重要，而皮书可以在对德讲好中国故事方面发挥作用。为了能有针对性地纠偏，我们应有的放矢地去了解德国精英和民众对中国存在哪些偏见和误读，在皮书中"对症"讲好中国故事。[①] 最后，中国学者还要有更多的学术的自觉和自信，避免简单照搬或套用西方的理论和概念。

第三，通过各种方式来实现皮书的横向和纵向的集成，搭建一个完善的皮书研创和推广平台。横向的集成可以理解为不同内

[①]　郑春荣：《如何在对德传播中讲好中国故事》，《对外传播》2016年第4期，第37~39页。

容皮书之间的集成，例如国内议题皮书与国际议题皮书之间的呼应；纵向集成则包含了整个皮书"产业链"的集成，从皮书主题的形成、研创团队的搭建，一直到皮书、皮书作者、皮书观点在市场上的传播与推广。同济大学德国研究中心的智库建设，有一个长远的目标，就是将来我们的智库要尝试到国外设立分院。在没有设分院之前，在国外还有其他可以搭载的载体，比如我们同济大学在国外有很多校友会，还有其他的一些合作机构，如德国及其他欧洲国家的伙伴高校，它们中不少都有亚洲乃至中国研究所。我们可以通过这些平台宣传皮书，包括宣传皮书专家和皮书专家的观点。同时，我们也可以更好地利用社会科学文献出版社的数据库和传播网络来对外推广我们的皮书。最后，皮书作者和智库专家也应利用顶尖的全球论坛或具有广泛影响力的国际学术会议，宣传皮书报告的创新思想和观点。

学术出版机构提升
年度性智库报告出版能力的探索[*]

——以社会科学文献出版社皮书系列智库报告为例

吴 丹^{**}

摘　要： 智库报告是对政治、经济、外交、国防、科技、社会等宏观或微观问题进行专题研究，旨在为决策机构估计形式、确定目标、制定政策提供建设性的决策依据和行动建议的研究性文献。年度性智库报告是指以年度为周期、持续性发布的智库报告。在打造高质量的智库报告、传播优秀思想的过程中，学术出版机构能做什么？该怎样做？回答这些问题，就要厘清学术出版机构和智库报告的概念、功能及现状。

关键词： 智库报告　学术出版　出版能力

---

* 本文是国家社会科学基金重点项目"中国学术图书质量分析与学术出版能力建设研究"（批准号14AXW006）的阶段性研究成果。本文已刊发于《出版发行研究》2016年第8期。

** 吴丹，社会科学文献出版社皮书研究院执行院长。

一 概念的厘清

1. 学术出版机构

学术出版机构，是指主要从事学术图书和学术期刊等学术作品的出版活动的组织。学术出版机构属于专业出版机构，其有别于一般出版机构的特点体现在三个方面，一是出版物的专业性，主要为有学科和专业主题的学术图书和学术期刊；二是出版规范的专业性，所出版产品应该遵循严格的学术专业规范；三是人员和流程的专业性，学术出版机构人员和出版流程有严格的专业要求。

2. 智库报告

智库报告是指由专业智库撰写，基于公共事务领域，对政治、经济、外交、国防、科技、社会等宏观或微观问题进行专题研究，旨在为决策机构估计形式、确定目标、制定政策提供建设性的决策依据和行动建议的研究性文献。[①] 智库报告可以公开出版，也可以内部交流。本文所分析的智库报告限于能够公开出版的报告。它包括发展报告型、分析预测型、评估评价型。[②] 年度性智库报告是指以年度（1~2年）为周期，持续性发布的智库报告。

年度性智库报告是重要的智库成果表现形式，能够充分体现一个智库的成果研创能力。

---

① 谢曙光主编《皮书手册：写作、编辑出版与评价指南》，社会科学文献出版社，2015。
② 谢曙光主编《皮书手册：写作、编辑出版与评价指南》，社会科学文献出版社，2015，第10页。

二 年度性智库报告的价值及出版现状

1. 年度性智库报告的价值

美国管理学家、统计学家爱德华·戴明有句名言："除了上帝，任何人都必须用数据来说话。"美国的联邦政府构建了世界上最大的数据帝国。这些数据有三个来源：一是业务管理的数据，二是社情民意的数据，三是物理环境的数据。以社情民意数据为例，在 1940 年罗斯福引进民意调查后，美国政府为了了解社会开展了大量的专业调查，其中劳工统计局的"国家纵向调查"（National Longitudinal Survey），就是以时间轴为单位，在确定调查对象后，对其进行长期的跟踪、反复的问卷，收集大量的数据，然后进行统计分析。随着数据的积累，一个以个人成长为中心、越来越大的社会画卷也开始展开。这种以一个国家为单位的大型社会调查，是研究一个社会长期变迁不可或缺的重要资源，也为政策的制定、调整和评价提供了重要的参考和依据。[①]

除了联邦政府内部及其资助的研究机构的调查，美国的独立智库每年都为社会创造出数以万计的各种专业调查报告，这些报告为社会各个领域的发展提供了大量有价值的数据。2011 年，麦肯锡公司以 2010 年度各国新增的存储器为基准，对全世界的大数据的分布做了一个研究和统计：中国 2010 年新增的数据量约为 250 拍，不及日本的 400 拍，欧洲的 2000 拍，和美国的

---

① 徐子沛：《大数据》，广西师范大学出版社，2012。

3500 拍相比，更是十分之一都不到。①

在中国，近 20 年来，年度性研究报告是重要的学术成果表现形式之一，它因具有前沿性、实证性、持续性等天然的特点成为研究者和研究团队青睐的成果表达模式。年度性智库报告既可以对经济社会发展中的重大问题进行现状表述，为深入研究提供重要的数据依据；又可提出较好的解决思路和对策，为现实发展提供巨大的实际应用的能量。

目前，中国已经成为世界第二大经济体，但同时我们也存在经济结构和产业结构转型的迫切需求，面临着经济进入中低速发展"新常态"、国际竞争日趋加剧的现实。加强智库建设，不断丰富智库成果，繁荣我国哲学社会科学，是中华学术争取国际话语权的必要路径，对进一步兴起社会主义文化建设新高潮、实现中华民族伟大复兴具有重大而深远的意义。

智库成为知识生产的重要平台。把智库报告打造为反映我国经济社会各领域年度发展状况的权威出版物，并使其成为分析预测未来中国各领域发展趋势的重要工具书，这将推动智库进一步发挥"思想库""智囊团"的作用。仅以社会科学文献出版社的"皮书系列"为例，作为智库类报告，近几年皮书实现了快速发展，不仅中央领导高度重视，媒体也广泛关注。现在，平均一周就有两本皮书发布，实现了广泛的影响力。皮书得到了全国哲学社会科学研究单位的广泛重视，很多智库都将其放在为党和国家的大局服务、为中国特色社会主义建设服务、为传播我国哲学社会科学成果服务的战略位置。

---

① 徐子沛：《大数据》，广西师范大学出版社，2012。

而学术出版正是要把人类文化和知识通过专业的编辑活动，推广至更广泛的人群、更宽广的领域。提高智库报告出版能力对于提升学术出版机构的竞争力，引领文化内容产业发展具有重要意义。

2. 年度性智库报告的出版现状（以 2014 年图书为例）

2014 年，全国各类图书出版总量为 448431 种，其中，初版 255890 种。[①] 社会科学文献出版社"中国学术图书质量分析与学术出版能力建设研究"的数据显示，2014 年出版的 25 万余种首次出版的新书中，被界定为学术图书的仅为 1.6 万种。经过筛选，年度性智库报告的年出版总数为 797 种。年度性智库报告的出版呈现以下几个特征。

第一，总量不多，占 2014 年全年新书比例仅为 0.3%，占全年学术图书的比例不足 5%；可见正式出版、发布的年度性智库报告数量在全年的正式出版物及全年的学术图书中的占比都很少。

第二，从出版社分布来看，社会科学文献出版社出版由于有"皮书系列"产品支撑，数量上一枝独秀，其比例占到了总量的 35%；另外，出版年度性智库报告达到 10 种以上的共有 16 家出版社（见表 1）。

第三，从使用《中国标准书号》图书的学科分布来看，F（经济）类最多，D（政治、法律）类次之，第三名是 G（文化、科学、教育、体育）类（见表 2）。这与目前我国的年度性智库报告多为经济分析预测、行业发展报告有关。

---

① 国家新闻出版广电总局规划发展司编《2015 中国新闻出版统计资料汇编》，中国书籍出版社，2015。

表1 2014 年出版年度性智库报告达 10 种以上的出版社

出版社名称	品种数	出版社名称	品种数
社会科学文献出版社	281	中国金融出版社	16
人民出版社	22	北京大学出版社	16
中国人民大学出版社	22	上海社会科学院出版社	14
上海人民出版社	19	经济科学出版社	13
中国经济出版社	19	中国财富出版社	12
经济管理出版社	18	中国社会科学出版社	11
科学出版社	18	对外经济贸易大学出版社	11
上海科学技术文献出版社	17	当代中国出版社	10

表2 2014 年已出版智库报告的学科分布情况

中图分类	品种	中图分类	品种
A	2	G	119
B	1	H	2
C	25	I	3
D	153	J	9
E	4	K	8
F	471	总计	797

三 智库报告出版的五大能力——以社会科学文献出版社为例

上文数据显示，2014 年，社会科学文献出版社出版的年度性智库报告的市场份额占到了 35%，比第二位的 2.7%（22 种）多出了 30 多个百分点，基本不在一个数量级上。因此以社会科学文献出版社为例来探讨出版年度性智库报告应当具备的能力，应该说是有代表性的。

1. 选题策划力

每一种智库报告的策划，无不凝聚着研创团队和出版者的智慧。年度性智库报告作为智库产品，从选题的要求上看，它至少必须具备两个条件。其一，必须经世致用。它以特定的时间单元为周期，一般是对研究对象最新发展进程、最新信息的阶段性解读，既需要选题具有对现实的指导意义，又需要研创团队掌握其研究领域的最新动态。其二，必须持续研究。持续性的选题，需要研创团队长期追踪研究对象，方能取得积累性的、产生时间价值的研究成果。

而发现经世致用、值得持续研究的选题，并组建起一支有能力研究的研创团队，这正是考验学术出版机构"内功"是否纯熟的地方。以社会科学文献出版社为例，通过组建皮书编辑委员会，吸纳各领域的专家学者，为"皮书系列"的选题把关。通过专家判断各项申报的选题是否适合以年度性智库报告的形式正式出版，判断研创单位在该领域具有权威性；判断主编及相关研创人员是否是所涉领域的权威学者。专家们以匿名评审的方式表达意见或建议，最终遴选出高质量的智库报告。

2. 内容控制力

选题通过后，如何来控制每本报告的内容质量？出版社通过制定一套研创、出版的通用规则，来"为数以万计的皮书研创者实现沟通交流提供科学、便捷的标准，从而实现皮书品牌的可持续发展。"① 鉴于此，社会科学文献出版社从 2009 年起每年发

---

① 谢曙光主编《皮书手册：写作、编辑出版与评价指南》，社会科学文献出版社，2015。

布《皮书操作手册》，作为内部工作指南，指导"皮书系列"图书的实际运作。这个手册对皮书编辑出版的全流程进行了规范，从选题的准入到研创环节，从出版流程到皮书的发布环节，都有详细的实施细则。在最大限度上解决了不同选题、不同领域、不同研创单位导致的可能的内容质量参差不齐、学术规范欠缺等问题。

同时，出版社自 2009 年起，成立皮书评价研究中心（2014年更名为皮书研究院），开展皮书评价工作。皮书评价，是指对皮书的内容质量、社会影响力等进行定量和定性评价，是保证皮书内容质量和可持续发展的重要方式，是对人文社会科学成果评价的积极探索[①]。评价，对于皮书的原创性、实证性、专业性、科学性等指标或给出了可量化的要求，或给出了同行专家的评审意见；而持续性的评价，更是为皮书保持内容质量和社会影响力提供了一个促进的平台。

3. 营销传播力

社会科学文献出版社在以"皮书系列"为代表的年度性智库报告的营销传播上积累了丰富的经验。

精心设置议题，关心社会问题。皮书作为社会科学应用对策性成果，是社会科学专业工作者为现实服务的有效方式之一。社会科学工作者通过皮书平台研究社会，发现问题，并发布最新研究成果，为解决社会问题建言献策。权威，即皮书观点应严谨科学，要有严谨的推理过程，应从社会科学研究的角度对研究对象提出建设性的意见或建议。

---

① 谢曙光主编《皮书手册：写作、编辑出版与评价指南》，社会科学文献出版社，2015。

引导社会舆论，搭建媒体平台。皮书属于资讯类社会科学成果，具有及时性、持续性等特性。皮书运用最新的数据资料对当前社会的重点和热点问题进行分析。皮书能够通过大型的调研和科学的研究方法，为社会提供可靠的数据与可咨借鉴的信息，并能够通过成果的发布，聚合并引导社会舆论，以事实为依据，传递社会正能量。

严控时间节点，把握发布时机。皮书多是年度性报告，因此从使用者的角度考虑，皮书出版必须及时、按时，最好的出版时间是在岁末年初；而行业报告类皮书最好与该行业年度重大活动或学术会议结合进行；地方发展类皮书一般在当地"两会"之前或期间发布。

鼓励原创首发，引领行业前瞻。皮书的最大价值之一在于内容的原创与首发。皮书报告的首发率要求在85%以上（即皮书报告与已有研究成果的内容重复率不得超过15%）。皮书使用实证的（如问卷调查、实地访谈等）或定量的（如指标体系的设计、数据模型的建立）研究方法，为读者提供高信度的资料和数据。大量的原始数据的持续性积累，成为研究一个领域不可多得的研究基础库，对于行业来说，即成为极具投资指南价值的专业报告。

参考文献

谢曙光主编《皮书手册：写作、编辑出版与评价指南》，社会科学文献出版社，2015。

顾金亮：《出版企业竞争力评价研究》，东南大学出版社，2010。

祁述裕：《中国文化产业国际竞争力报告》，社会科学文献出版社，2004。

邬书林：《加强学术出版　打牢中华民族伟大复兴知识根基》，《中国新闻出版报》2013 年 8 月 16 日。

邬书林：《加强学术规范　攀登出版高峰——新闻出版总署关于规范学术图书出版的思路与措施》，《中华读书报》2012 年 12 月 12 日。

邬书林：《遵循规律　扎实工作　精心抓好新闻出版行业标准化建设》，《出版发行研究》2012 年第 10 期。

李瑞华：《论学术出版的专业化机制》，《中国出版》2013 年第 11 期。

段乐川、王振铎：《试论我国学术论著出版存在的问题、原因和对策》，《中国出版》2013 年第 2 期。

焦贵萍：《浅谈我国学术出版的现状及发展对策》，《中国编辑》2012 年第 6 期。

张宏：《学术出版：如何从乱象回归本真——当下我国学术出版的发展路径考察》，《出版广角》2013 年第 8 期。

王秋林：《学术出版技术创新及能力培育探讨》，《编辑学刊》2011 年第 3 期。

皮书研创篇

加强民族地区的皮书研创，
推动中国特色话语体系建设[*]

陈　玮[**]

摘　要： 国际社会对我国藏区发展存在误读，国内对民族地区发展过程和成就的认识还不一致，这就需要构建中国特色话语体系。而至今已走过20多个春秋的皮书承载着构建中国特色话语体系的神圣使命，积累了丰富研创经验的青海蓝皮书在其中不辱使命，讲好青海故事，发出中国声音。

关键词： 青海蓝皮书　民族地区　皮书研创　话语体系

一　构建中国特色话语体系对民族地区的
稳定和发展意义重大

1. 构建中国特色话语体系有利于消除国际社会的误读

随着改革开放的不断深入和对外交流的不断扩大，某些西方

---

* 本文根据青海省社会科学院党组书记、院长陈玮在第十六次全国皮书年会（2015）上的讲话录音整理而成。

** 陈玮，青海省社会科学院党组书记、院长，教授，主要研究方向为民族宗教学、藏学。

势力打着宗教自由、民族文化保护、生态环境保护的旗号，培植拉拢异己分子对我们民族地区进行渗透分化。之所以如此，很大一部分原因是国际社会对我国的民族地区，特别是藏区的发展历史和成就不了解，产生了一些错误的认识。因此，构建中国特色的话语体系，宣传我们的民族政策和宗教政策，可以消除国际社会对我们的误解、扭曲和攻击。

2. 构建中国特色话语体系有助于形成改革发展的共识

新中国成立后，特别是改革开放以后，我国民族地区的发展成就有目共睹，由于一些原因，民族地区的经济社会发展相对滞后，所以人们对民族地区的发展过程和成就的认识还不一致，对改革开放的复杂性认识还不到位，所以说在改革的实践当中，仍然有不少的杂音，甚至是阻力。因此，构建中国特色的话语体系，发布民族地区改革的成就，可以影响政府和有关部门的决策，消除民众的疑虑，凝聚最大多数人的思想和行动。

二 皮书品牌承载着构建中国特色话语体系的神圣使命

皮书是中国社会科学院所属社会科学文献出版社出版的蓝皮书、绿皮书、黄皮书等系列图书的统称，是对中国与世界发展状况和热点问题进行年度监测，以专业的角度、专家的视野和实证研究方法，针对某一领域或区域现状与发展态势展开分析和预测，具备原创性、实证性、专业性、连续性、前沿性、时效性等特点的公开出版物；皮书是社会科学工作者服务于中国特色社会主义现代化建设的重要载体，是有关中国发展、中国经验、中国道路的哲学社会科学重要智库成果。

我国皮书的研创从 20 世纪 90 年代开始，至今已经走过了 20 多个春秋，并经过社会科学文献出版社的系列化、品牌化运作，已经成为国内外的著名学术品牌。皮书是讲好中国故事的重要载体，充分发挥了我国智库机构、专家学者的力量和智慧。皮书的规范化和国际化极大地拓展了自身品牌影响力，并推动了中国特色话语体系的构建。聚焦到青海蓝皮书，它是青海省社会科学院广视角、全方位宣传青海的一个重要咨询平台，在省内外产生了广泛的影响，有效提升了青海的学术话语权。

青海的皮书研创工作始于 1999 年，最初分为经济蓝皮书、社会蓝皮书两卷本，由青海省社会科学院主编，地方出版社出版发行。2004 年合为经济社会蓝皮书一卷本。当时主要以政府职能部门提供的稿件为主，专家学者参与较少，学术研究水平不够，整体的质量也不高。从 2012 年开始，青海社会科学院全面整合编撰力量，逐步优化编校流程，改由社会科学文献出版社出版，小而精的青海蓝皮书逐步产生更大的社会影响力，也受到社会媒体广泛的关注。此外，从 2014 年开始，青海社会科学院承接了 2015 年西北蓝皮书的编撰任务。经过多年皮书编撰的实践，我们的总体体会是你站的位置足够显眼，大家就能看到你，你的声音足够大，大家就能听到你的话。我们的研创经验主要基于以下三方面。

第一，立足民族地区实际，突出区域发展特色。青海是仅次于西藏的第二大藏区，是藏传佛教的重要源头，是藏传佛教后弘期的发源地，而且藏传佛教与境外势力有着千丝万缕的关系。地理位置独特，其在维护地区稳定，促进区域协调发展格局当中，具有十分重要的地位。这些都是备受海外各种势力关注，并容易引发歧义而影响国内局面稳定的命题。其次，青海省是长江、黄河、澜沧江的发源地，被誉为"中华水塔"，是我国乃至亚洲气候变化的启动区、重要的生态屏障和水源涵养区，是世界高寒生物资源和高寒植被生态系统宝库，也是我国生态系统最脆弱和最原始的地区之一。因此，对三江源区生态保护的研究，不仅关系到青藏高原的经济社会可持续发展，更关系到全国的生态安全。近期，我们接到青海省委、省政府委托的一个项目，由青海省社会科学院编写"青海生态文明蓝皮书"，总结青海是如何解决生态保护和发展经济的矛盾，以回应西方媒体和绿色和平组织对我们的指责，并对蓝皮书的栏目设置进行通篇的布局安排，突出了重点。这种稳定的关注和深入的研究，为上述问题的解决做出学理性、实证性的解答，成为构建国家层面话语权中有关问题的地方佐证。

第二，围绕青海省委、省政府的战略部署，遴选重大选题进行立项。我们自始至终重视皮书选题工作，一方面广泛地从党委、政府职能部门以及本院、高校及研究机构征集选题，对征集到的选题组织专家学者层层论证把关；另一方面把皮书选题与青海省社会科学院创办的资讯平台《青海研究报告》《青海藏区要情》《青海丝路建设智库要报》等选题结合起来，从中遴选符合皮书要求的研究主题，纳入皮书选题范围。此外，我们着力为地方党委和政府服务，始终把青海省在履行生态责任、落实稳定发展任务等方面的重大战略部署作为主攻方向，努力以皮书为平台破解青海经济社会发展诸领域当中的突出问题。比如，2015年"西北蓝皮书"的栏目设置，除了西北的发展问题以外，有一半的篇幅是对一年多来学界和政府层面围绕丝绸之路经济带建设的总结，蓝皮书一定程度上就党委和政府关注的系列问题，给予具有我国西北地区社科界独特视角的解答。

第三，瞄准经济社会发展中的热点问题，切实回答人民群众关心的现实问题。理论的根基在基层，活力在实践，归宿在群众，所以在蓝皮书的研创过程中，要始终紧扣时代发展的脉搏，鼓励引导研发人员深入基层和群众，接地气，开展扎实有效的调查研究，对社会热点焦点问题做出学理性解读和实证性分析。

经过多年的努力，青海的皮书规模、作者队伍等逐步由散而精、由广而专的格局转变。虽然与社科研究发达省市相比，其编撰质量和水平还有一定的差距，但这种定位不仅符合青海实际，也在推动中国话语体系建设上，发挥了实实在在的作用。

第一，"青海蓝皮书"已成为全国"两会"青海代表案头必备的参考书。在"青海蓝皮书"初创时期，就把服务党委和政府决策作为主要目标，坚持在全国"两会"前出版发行，以满足青海代表参阅的时间要求。由于篇目过于冗长、研究深度不够等，初始并不受代表欢迎，蓝皮书是会后清扫的材料。经过不懈努力，特别是青海蓝皮书改版升级以后，其原创性、权威性增强，越来越受到"两会"代表的青睐。据反映，"两会"青海代表每每出发前行，多要备一本当年的青海蓝皮书，以作随时查阅，有些篇目还成为代表提案的直接素材。

第二，"青海蓝皮书"已成为青海省委省政府部门了解经济社会运行情况的参考书。长期以来，在"青海蓝皮书"发行方面，除了出版社专业渠道外，每年蓝皮书一出版，就将其分送到省委省政府办公厅、政策研究室以及组织、统战、宣传以及发改、财政、经信等党委政府相关部门。据反映，党委政府部门尤其对精致的"青海蓝皮书"的权威性津津乐道，特别是党委政府重大材料起草者多特别注重参考"青海蓝皮书"的内容。

第三，"青海蓝皮书"已成为省内学术界关注的学术性与应用性兼备的科研参考书。"青海蓝皮书"研创团队经过了分化整合，经历了最初的以党委政府部门为主，到后来的以科研人员为主，再到现在的二者相结合的模式，其中很多的篇目作者是青海科研单位、党校的科研人员，逐步有更多高校的科研人员加入研创团队。皮书在努力追求从内容到形式的独特性，呈现出在理论基础上的时政分析，内容上有分析有展望，不回避当下的热点、重点、难点问题等特点，加之由高端、专业的社会科学文献出版社出版，"青海蓝皮书"成为规模有限的青海各个智库机构发布各类课题成果、呈现学术思想、智库观点的重要窗口和平台。"青海蓝皮书"将成为学者们以原创性和权威性的研究对青海经济社会发展的未来做出科学预测、为解决青海经济社会发展问题出谋划策、为政府决策经济社会发展政策提供参考依据的重要渠道，其智库平台作用逐步彰显。

三 始终把构建中国特色话语体系作为皮书研创的内在要求

党的十八届三中全会将中国特色新型智库建设提到国家战略层面以来，中国特色新型智库在直接推动国家治理体系和治理能力的现代化进程中扮演着越来越重要的角色。对于我们西部民族地区尤其是藏区社科院来说，如何积极探索中国特色的智库的管理方式，加强自身建设，积极建言献策，为党委和政府决策提供高质量的智力支持是当前我们面临的新机遇和新挑战。

做好"青海蓝皮书"工作，构建中国特色话语体系，我们将从以下四个方面努力奋斗。

第一，拓展皮书类别，突出民族地区皮书研创的专业性和权威性。为了探讨青海省经济、社会、文化等全方位的发展，今后，除了《青海蓝皮书：青海经济社会形势分析与预测》，我们将立足青海的省情实际，继续研创"青海生态文明建设蓝皮书""青海民族发展蓝皮书""青海舆情蓝皮书"等系列皮书，扩大青海蓝皮书的影响力。

第二，打造人才队伍，确保民族地区皮书研创的可持续性。我们将立足自身的优势特点，通过进一步整合院内外科研力量，着力培养以青海省社会科学院研究人员为主体，相关政府研究部门、党校、高等院校和科研院所等单位专业人员参与的研创队伍。

第三，与高端智库加强联系合作，提升民族地区研创皮书的能力。我们将以区域经济、政治、文化、社会、生态等宏观领域重大现实问题的科学分析和研判为主攻方向，主动加强与中国社会科学院、中国藏学研究中心、四川大学等国内一流的科研院所和高校等高端智库的横向交流合作。

第四，完善皮书编撰制度，打造民族地区的皮书品牌。我们将在现行皮书编撰办法的基础上，进一步完善和规范皮书研创制度，积极探索将皮书研创工作纳入全院科研考核体系的具体办法。不断建立皮书研创的激励机制和工作机制，为打造民族地区皮书精品提供制度保障。

参考文献

高文兵：《融通古今中外　构建"中国话语体系"》，《人民日报》2014 年 7 月 23 日，第 7 版。

逄锦聚：《构建中国哲学社会科学理论体系和话语体系》，《人民日报》2014 年 9 月 12 日，第 7 版。

孟威：《构建全球化视野下中国话语体系》，《光明日报》2014 年 9 月 24 日，第 16 版。

谢寿光：《皮书研创为中国话语体系建设提供支撑》，《出版参考》2016 年第 2 期。

《皮书研创：智库平台与中国话语体系建设——来自"第十六次全国皮书年会（2015）"的声音》，《光明日报》2015 年 9 月 23 日，第 16 版。

皮书品牌·话语权·智库建设[*]

——"京津冀蓝皮书"研创的几点体会

文　魁[**]

摘　要：皮书具有智库的基本元素，有着发展为智库的潜质。智库的本质特征是拥有间接决策权，而间接决策权的生成在于话语权，只有提升皮书的话语权，打造皮书品牌，皮书才能真正成为名副其实的智库。皮书的研创对中国话语体系的建设有着重要作用。

关键词：话语权　决策权　蓝皮书　智库　中国话语体系

皮书系列已成为社会科学文献出版社的著名图书品牌和中国社会科学院的知名学术品牌，目前正在积极向智库的目标奋力前行。如何才能把"皮书"建设成为智库呢？我认为必须要弄清

　＊　本文根据首都经济贸易大学原校长文魁在第十六次全国皮书年会（2015）上的讲话录音整理而成。

＊＊　文魁，首都经济贸易大学原校长，教授、博士生导师，"京津冀蓝皮书"主编。

智库的本质，发现连接皮书与智库的通道，认识话语权与决策权的关系，成就皮书话语权对决策权的影响力。本文仅就这一主题，结合"京津冀蓝皮书"的研创实践，谈谈自己的理论思考。

一 话语权与决策权

1. 话语权与决策权的关系

当人们谈到话语权的时候，并不是指有没有说话的权利，是否能够说话；而是说，话语权的概念一定是密切地联系着决策权，话语权包涵着影响决策权力，与决策权结合在一起。毛主席过去讲"没有调查就没有发言权"，并不是说不调查就不能说话，而是说在决策的时候，没有经过调查过的人没有参与决策的发言权。我们说"人微言轻"，不是说不让某人说话，而是说他说的话不占地方，为什么不占地方？因为他的话影响不了决策。

实际中的决策权有两种：一种是直接决策，另一种是间接决策。直接决策是指掌握着决策权的机构、领导或者相关的人员，很显然，直接决策的人掌握了最大的权力。但并不是所有的决策都是由掌握直接决策权的人做出的，也有很多取决于间接决策权。所谓间接决策权，是指不具有直接决策权，但是能够通过各种渠道、各种方式影响决策者所做的决策，使之符合这个主体意愿的权力。话语权实际上就是一种间接决策权。有些拥有话语权的人并没有直接决策权，但他可以通过自己的研究成果，或提供相关信息影响决策者，这个决策者既可以是上级部门，也可以是企业，或个人。拥有话语权的人，是一个独立的研究主体，他追求真理，按照客观的规律，提出一些对真理的认识和见解，这种认识和见解会对拥有决策权的人发生重要影响。

2. 话语权影响决策的机理

话语权是如何影响决策的呢？

第一，以完整、系统或及时的信息改变、修正决策。拥有话语权的人，可以为决策者提供一个完整、系统或者及时的信息来实现改变决策者的目的和价值取向。比如说，"京津冀蓝皮书"对京津冀地区承载力的研究，考虑到研究京津冀的经济发展必须研究承载力，于是我们使用了大量的数据，提供了大量的信息，从而对政府所做的决策产生了一定的影响。

第二，提出新的选项或否定原有选项影响决策。本来政府或者企业在决策的过程中，可能有两三种选择，而掌握话语权的人可能提供了另外一种更好的选择，令决策者眼前一亮，最终影响了决策者的决定。此外，掌握话语权的人还可以通过提供信息和研究论证哪个选项可行，哪个选项不可行，于是否定不可行的选项，从而影响决策。

第三，以超脱的视角发现深层问题警示决策者。智库或独立研究人员不是当事者，比决策者更加超脱，能够超越利益的羁绊，发现一些深层次的问题，并指出这些问题来警示决策者。

第四，以深邃的远见发现潜在利益、提出新的愿景。比如京、津、冀三地是个平行的行政主体，各自都从自己的利益出发来规划和发展，常常是各自为战。但学者可以超越行政区划的利益羁绊，发现错位发展、相互协同可以取得更大的整体的利益，达到双赢和多赢，这样就可以提出一个新的愿景，而这个新愿景，必将影响到决策。

第五，以学理阐释现实，提高决策的自觉。现在有很多决策都没有认真地思考学理根据，而作为有间接决策能力、有话语权的学者懂得学理，有学科研究基础，可以通过理论指导实践，在这样的情况下，决策者做决策的时候应该更加自觉地参考学者的研究成果。

第六，提出新理念、介绍新方法影响决策的价值取向。比如说中央提出"精准扶贫"的理念，指出不能用平均数掩盖大多数。于是全国各级领导在做扶贫工作的时候，就不能再用"平均数"来表述了，而是要看是不是精准扶贫，人民群众是否有获得感。学者也可以通过提出一个理念来影响决策。

二　话语权与智库建设

智库不是自我的标榜，也不是权威机构的认定，而是实实在在的一种客观品质。智库可以有多种表现形式，但一定有其共同的本质特征。我认为，所谓智库，一定是与拥有决策权的决策主体密切联系在一起的，同时又保持着自己的独立性。所谓联系，是指信息的联系，而不是依附或附属。一般的学术团体、研究机构的纯学术研究，还不是智库，只有决策主体想得起、用得上、离不开的学术团体和研究机构才称得上智库。智库，一方面联系着决策主体，要为决策服务；另一方面又与决策主体保持着距离，独立研究，追求真相和真理，能够提出超越利益羁绊的真知灼见。智库不同于主要是完成领导交办任务的政府研究机构或写作班子，有其独立的法律地位和学术风格；也不同于远离应用的大学和研究机构，不是纯学术，而是要提供可操作的学术产品。

话语权是智库的灵魂和根本标志，没有话语权就不成其为智库。同时，我们还必须认识到，有话语权的，不一定就是智库；

而智库一定拥有话语权。智库的本质，实际上是一个话语权的平台。

智库建设，就是不断提升话语权的品质。而要保证话语权的品质，智库建设就要确保智库产品的专业水准。所以，智库建设要有明确的研究方向和学科定位，有稳定的长期学术积累，有全面系统周密的信息资源，有及时有效的信息反馈系统。智库的核心是人才，除必须有功底深厚、善于把握大势、长于运筹帷幄的领军人物外，还必须有一支能够独立作战而又团结协作的专业团队。当然，智库作为一个组织还必须有自己明确的集体愿景、能够激活每个成员积极性主动性的机制和政策以及整合内外资源的制度。智库是高智商的组织，必须有科学严格和灵魂高效的管理制度。智库建设好了，才能不断推出有话语权的智库产品来。

三 把皮书打造成为真正智库

皮书，以相对稳定的主题，对经济社会发展的实际进程进行年度监测，由专家和学术团队进行发展态势的分析和预测，持续发布系列权威研究报告，其"权威·前沿·原创"的特性最具智库的潜质。但一部皮书及其研创团队能否成为真正的智库，关键看其对决策的影响力。如果一部皮书，虽然年年出版，但影响甚微，甚至无人问津，就很难称之为智库。而随着对决策影响力的增强，皮书就会成为品牌皮书，品牌皮书才是名副其实的智库。

作为智库类研究成果，一个拥有间接决策权的产品，皮书以其原创性、实证性、连续性、前沿性等特征，经过返二十年的品牌运作，在国内外已经产生广泛的社会影响力。因此，发挥皮书的智库功能，对于构建话语体系建设具有重要意义。以下就"京津冀蓝皮书"的研创过程和话语权的构建过程谈几点体会。

1. 研究领域：持之以恒

我们对京津冀三地一体化的研究工作开展得比较早，大概已经做了 10 年。2012 年，我们开始研创"京津冀蓝皮书"，每年出版一本，每年一个主题，从不同角度对京津冀经济展开深入研究，2012 年的主题是京津冀区域一体化，2013 年的主题是京津冀资源环境承载力，2014 年的主题是京津冀城市群的空间优化与质量提升，2015 年的主题是京津冀协同创新，2016 年的主题确定为京津冀协同发展指数。2013 年，"京津冀蓝皮书"出版了外文版，走出了国门，扩大了社会影响力。

2. 研究团队：多元组合

皮书的研创需要一个稳定的、开放性的研究团队，形成一个研究共同体，集合各方的智慧，保证研究的深入和全面。"京津冀蓝皮书"是京津冀三地作者通力合作的研究成果。作者主要来自中国科学院、中国人民大学、首都经济贸易大学、北京市社会科学院、河北工业大学、河北经贸大学、天津行政学院、天津市经济发展研究所等单位的专家学者，是京津冀三地专家学者智慧的结晶。

3. 研究方式：与时俱进

大数据时代，数据的积累、挖掘、分析、归纳和整理，是一个优秀团队的基本素养。2015 年，"京津冀蓝皮书"发布时，宣布成立了京津冀大数据研究中心，该中心由首都经济贸易大学北京市经济社会发展政策研究基地和龙信数据有限公司共同组建，致力于打造智库型产学研创新共同体，运用大数据思维，对京津冀区域多纬全量数据进行深入挖掘分析，运用现代化可视化技术手段，向政府、企业和理论工作者提供决策服务、资讯服务和数据服务。京津冀大数据研究中心的成立将为蓝皮书研创提供大数据支撑。

4. 研究成果：服务决策

"京津冀蓝皮书"的研创注重研究成果应用转化，提高为地方政府决策服务的政策咨询能力，这也是皮书政策咨询功能的体现。

2013年，"京津冀蓝皮书"新闻发布会后，国务院办公厅通过中国社科院向我们索要研究成果。"京津冀综合承载力的测度与对策建议"被中国科学院要报编辑采用，刊登在《中国社会科学院要报·专供信息》2013年第75期（国办）。此外，2013版"京津冀蓝皮书"的总报告获第五届优秀皮书报告奖一等奖。

2013年8～12月，我们承担了中国发展研究基金会委托课题——"京津冀资源环境承载能力的综合评价"，研究成果为中央研究机构起草习总书记"2·26"讲话、将京津冀协同发展上升为国家战略提供了重要的决策参考。

受北京市委研究室委托，完成了有关"京津冀人口、交通、水资源、生态、土地、公共服务以及京津冀三地综合承载力基本状况及思路建议"的相关课题，为北京市政府迎接2014年初习近平总书记对北京工作视察及京津冀座谈会提供了重要参考。

2014年4～6月，在《经济日报》《人民日报内参》《经济日报内参》发表了一批文章及报告，如"推进京津冀协同发展情况的调查与思考"，"完善治理机制推进京津冀生态环境共建"

"北京应在推进京津冀协同发展中发挥核心引领带动作用""推进京津冀协同发展情况的调查与思考","完善治理机制推进京津冀生态环境共建",获中央领导及地方领导批示,产生了很大社会影响。

通过蓝皮书的研创,我们感到非常欣慰,虽然没有决策权,但是我们能够对决策发挥影响,相当于拥有了间接的决策权。未来,我们将为皮书的建设和新的标准的建立做出更多的努力。

四 关于如何推动中国话语体系建设的思考

1. 中国话语权与中国话语体系

所谓中国话语权,就是中国声音对国际社会各种决策的影响力。现在,在很多领域,我们很难影响别人的决策,就是缺少国际上的话语权。构建中国话语体系的一个重要方面是提升中国学术话语权。任何一个国际议题的设置和话语引导的达成,新的学术概念、范畴和表述的提出,都必须基于深入的学术研究和理论思考之上。这就要求中国学者和智库进行高质量的学术研究,只有以此为基础,才能参与国际话题讨论,唱响中国的声音,进而提升中国的国际话语权。

2. 讲好中国故事

讲好中国故事的前提是中国有故事。讲好中国的故事能够透出我们的道路自信与理论自信。经过30多年的改革开放和我们党60多年的辛勤执政,我国已经成为世界第二大经济体,有了自己的核心价值观,形成和完善了中国特色社会主义制度,这些都为人类文明积累了巨大的财富。打造中国的话语体系,始终要坚持马克思主义立场、观点、方法，以中国实际为根本基础，以中国实践为根本依据，不断深化对共产党执政规律、社会主义建设规律、人类社会发展规律的认识。把中国特色社会主义建设的经验和发展规律转化为中国话语体系的构成元素，讲好讲活讲深中国故事。

3. 探索国际听得懂的语言和表达方式

构建中国的话语体系，还要与国际接轨，探索国际听得懂的语言和表达方式。我们需要深入了解、研究和贴近国际话语思维和表达习惯，寻求中国民众与国外民众需求及利益相契合的共同点，增强中国与世界特别是西方国际传播对话与接轨的力度，采用国际化、故事化、富有人情味的表达方式，面向外国政府、民众和国际组织的多元对象组合讲好中国故事、传播好中国价值。①

4. 皮书的研创与中国话语体系建设

皮书的研创在中国话语体系建设中占有重要地位，承担着重要功能。随着中国对外开放的扩展，不但中国需要了解世界，而且世界也需要了解中国。皮书在中国话语体系建设中的作用，就是皮书在国际上的话语权，就是对国际社会各方面决策的影响力。2013年，"京津冀蓝皮书"由国外出版社译成外文，走出国门，推向国际，就说明了国际社会对我们皮书的需要。只要我们保证研创质量，就会对更为广泛的决策权产生影响，从而也就提升了中国话语权。我们的皮书，讲的是中国的事，但一定要让国际社会听得懂、听得明白，才能形成中国话语权。

---

① 胡正荣、李继东：《如何构建中国话语权》，《光明日报》2014年11月17日，第11版。

　　中国皮书走出国门，首先要了解国际社会的需求，为国际交往服务。为此，必须确保皮书的数据真实可靠、对国家政策的阐释精准到位、对问题的分析深入透彻。同时，要增强纠正国际上对中国误解与偏见的针对性；增强认识和理解中国的说服力。随着越来越多的高品质、高品位的中国皮书出现在国际图书市场，中国话语体系一定会展现出新的风貌。

与皮书一道成长[*]

严　耕^{**}

"生态文明绿皮书"能够纳入皮书系列是我们的荣幸，为了做好这件事情，北京林业大学承担着一份沉甸甸的责任。与皮书结缘于国家林业局设立的"生态文明建设评价体系以及信息系统的研究"公益项目。项目形成报告后，中国林业局的贾治邦局长做了整整一页的批示。贾治邦局长评价我们的报告在指标体系设计、评价方法、分析方法等方面都比较的科学、实际，希望林业宣传办能够做好宣传。在这样的鼓励下，我们有了胆量与目标，希望能够跻身于皮书系列。

2010年，北京林业大学出版了首部"生态文明绿皮书"《中国省域生态文明建设评价报告》。之后又逐步完善，坚持每年出版一部，到2015年，已经是第五部。"生态文明绿皮书"虽然

　* 本文根据北京林业大学人文学院院长严耕在第十六次全国皮书年会（2015）上的讲话录音整理而成。

　** 严耕，北京林业大学人文学院院长，"生态文明绿皮书"主编。

只是众多皮书品种中的一个，但我们特别珍视它作为皮书的品牌效应，因为它代表着本学科领域最权威、最专业的观点。

一 "生态文明绿皮书" 的影响力

第一，孵化了系列化的学术产品。通过持续的皮书研究，我们掌握了本领域的前沿信息和学科动态，提高了团队的科研能力，从而为承担皮书以外的项目奠定了坚实的基础。比如，2013年，我们课题组成功申请教育部哲学社会科学系列发展报告建设项目"中国生态文明建设发展报告"，第一个建设周期是三年，2014年出版第一部，也将连续出版，是"生态文明绿皮书"的姊妹篇。值得一提的是，一般教育部的发展报告分为两类，即建设类与培育类。在申报时，我们因为具有皮书报告的基础，便直接从培育类进入了建设类。

第二，促进了学科和平台的建设。借助皮书的研究和写作，我们组建了一支科研队伍，并通过培养人才而不断吸引人才。北京林业大学成功申报"生态文明建设与管理"交叉学科博士点并获批，2014年开始招生。除此之外，北京林业大学生态文明研究中心也成为国家级林业局生态文明研究中心。最近，又和中国生态文明研究与促进会协商，合作建立了促进会的生态文明研究会，为我们学科的发展搭建了一个良好的平台。

第三，承担一系列重要学术课题。通过"生态文明绿皮书"发挥的影响力，我们承接了国家林业局、教育部、国家社科基金的一些重要课题，并与一些部委展开了深度合作。2010年，承担北京市哲学社会科学"十一五"规划重大项目"绿色北京建设研究"；2011 年，承担国家林业公益性行业科研专项"生态建设驱动过程监测评价研究"；2011 年，承担国家林业局课题"全国生态文明建设示范县考核指标体系及认定标准研究"；2012年，承担国家林业局重点课题"林业在生态文明建设中的功能测评技术"；2013 年，承担教育部哲学社会科学系列发展报告建设项目"中国生态文明建设发展报告"；2013 年，承担国家社科基金项目"生态文明建设评价指标体系完善研究"；2014 年，承担国家社科基金项目"生态文明国际比较研究"。

第四，得到一定程度的鼓励和肯定。"生态文明绿皮书"获得北京市哲学社会科学研究优秀成果奖二等奖，教育部第六届高等学校科学研究优秀成果奖三等奖，等等。2010 年，《生态文明绿皮书：中国省域生态文明建设评价报告（ECI 2010）》获得北京市哲学社会科学研究优秀成果奖二等奖，教育部第六届高等学校科学研究优秀成果奖三等奖；2010 年"生态文明绿皮书"发布后，国家政府网站新闻将该事件评论为"生态文明量化评价取得重大突破"，同时，被列为 2011 年度生态文化 10 件大事之一（排第三）。

第五，学术影响不断扩大。通过"生态文明绿皮书"这个皮书平台的搭建，现在，北京林业大学这个绿色学府成为生态文明研究的重要基地，北京林业大学生态文明研究中心被学界称为生态文明量化评价重镇；中心多位学者受邀赴美国、日本、德国、奥地利、巴西等国交流，报告生态文明量化研究成果，受到国外同行好评，引起他们的浓厚兴趣，而他们最感兴趣的就是我们的皮书成果；我们准备尽快打造发表英文成果，进一步扩大国际影响，发出中国生态文明建设的声音。

第六，逐步开始发挥智库的作用。例如，2015年环保部发布的《生态环境状况技术规范》所列的国内参考文献中，唯一明确的就是"生态文明绿皮书"，其被引用的频次在所有参考文献当中也是最多的。

二 "生态文明绿皮书"的研创经验

总结我们与皮书一起成长的历程，皮书赋予了我们荣誉与责任。我们的研创团队从小到大的逐步发展起来，主要有以下三点体会。

第一，以问题为导向。生态文明是一个人人关心、政府重视的重大问题。在课题组的研创中，每年的"生态文明绿皮书"都根据当年的热点问题来调整报告的指标体系与写法。例如，2014年，"生态文明绿皮书"的关键词"生态立国"引起了很大的社会反响，很多媒体做出了"生态文明课题组倡导树立生态立国的理念"等报道。而"生态文明绿皮书"的评价结果呈现出在我们评测的全球105个国家中，中国生态文明建设水平排名倒数第二，诸如此类的事实提醒我们，要解决现实当中的问题，并意识到现在我们国家和发达国家最大的差距已经不是经济差距，而是生态环境、公共产品供给的差距。"生态文明绿皮书"紧紧围绕四个问题展开：如何理解生态文明，中国生态文明建设的形和势如何，中国生态文明建设有何规律可循，中国生态文明建设应有怎样不同于西方环保运动的新思路。

第二，以质量为生命。皮书本身就意味着质量。我们作为皮书的研究者、撰写者，应该以世界的眼光永争第一、永保第一。

在编制的过程中，课题组将国内外的评价指标全部梳理了一遍，并与在此领域较为出色的耶鲁大学和哥伦比亚大学课题组积极沟通联络。皮书研究的问题非常重要，这就决定了其研究意义远比一篇文章重大，或者说是一篇大文章。一部蓝皮书，如果说其价值还不如一篇核心期刊，这是不合理的现象，皮书应该是多篇核心期刊论文的集合。当然，这要求皮书坚持以"质量为生命"的研创原则。

第三，以思想为灵魂。生态文明是中国在全世界率先提出了治国的理念，在西方体现为环保运动，这涉及局部好转和整体恶化的问题。生态文明显然站在了人类发展的制高点上，因此我们一定要夺取更高的话语权，占领文化制高点，这至关重要。一部皮书，在数据背后应该有学理支撑，应该从数据找出规律，应该超越数据提出新概念、新观点、新方法、新战略。生态文明量化评价，难点和重点都不在于得出各省份的生态文明指数，其困惑在于对生态文明概念的新理解。我们力图超越广义狭义之争，结合中国发展阶段，特别强调生态文明"协调发展"的本质特征，提出了"一体两用论"来理解生态、环境、资源及与人类的关系，提出了"强体善用论"的生态文明建设策略。

有了以上三点体会，我觉得保持绿皮书的不断发展，我们是有信心的。2015 年，国家林业局正式启动生态文明研究中心智库建设，将拨出专项经费，第一期为期 5 年，每年不低于 50 万元，用来支持生态文明绿皮书的持续研究和发布。希望在大家支持下，我们的皮书团队能够向着多出生态文明智库产品、构筑生态文明话语体系的目标迈进。

指标体系评价相关皮书
成果及其价值选择

曹长香*

摘　要：指标体系评价方法近年来在学术研究、行政系统自我评价和独立第三方评估工作中的应用日益广泛。本文总结分析了皮书出版中指标体系评价方法研究取得的一些代表性成果，讨论了几个值得注意的小问题，探讨了指标体系设计、评价的价值选择等问题，并关注数据来源、研究方法等，强调指标体系评价要重视导向性、科学性、前瞻性等。

关键词：指标体系　评价　皮书　数据来源　研究方法

"社会指标化运动"兴起于20世纪60年代的西方，之后指标体系评价方法在经济学、社会学、政治学等领域得到更为广泛

---

* 曹长香，社会科学文献出版社社会政法分社编辑。

的应用。① 借鉴当代世界银行、世界经济论坛等一些权威国际机构指标体系评价的理论与实践，近年来，国内指标体系评价的研究和应用成果不断丰富，研创队伍日益壮大。无论是侧重于理论与数据评价分析的宏观研究，还是从实践角度设计考核指标督促工作进度或作为政绩考核工具的局域性测评，抑或是由独立第三方科研或专业机构发起的专题性评估，都显示了当下指标体系评价在中国的旺盛活力和生命力。另外，国家的政策引导也起了重要作用，如法治建设方面，十八届三中全会通过的《中共中央关于全面深化改革若干重大问题的决定》提出，要"建立科学的法治建设指标体系和考核标准"。在中国，可以说指标体系的评价研究方兴未艾，指标体系设计及评价也在由粗糙向精细化转变，这对于实现国家治理体系和治理能力现代化的意义重大。

一　指标体系评价相关皮书成果

1. 概念及特点

本文参考百度百科关于指标体系的概念，"指标体系指的是若干个相互联系的统计指标所组成的有机体"，作为进一步讨论的基础。建立指标体系是进行预测或评价研究的前提和基础，它是将抽象的研究对象按照其本质属性和特征某一方面的标识分解成为具有行为化、可操作化的结构，并对指标体系中每一构成元

---

① 　郑杭生、李强、李路路：《社会指标理论研究》，中国人民大学出版社，1989，第10页。

素（指标）赋予相应权重的过程。①

指标体系评价的一个显著特点是，指标体系一旦建立并应用于评估工作，它就具有连续评价功能，一般是一年一次按年度反复实施。相应地，指标体系评价的结果就会形成连续性的数据或材料积累，形成连续性的影响力，比较分析这些长期积累形成的数据，可以期待更大的研究价值。

2. 指标体系评价研究相关主要皮书成果

从近年来大量接触的有关指标体系评价的皮书报告数量情况，笔者可以明显感受到指标体系的研究应用正在日益升温。例如，《中国省域生态文明建设评价报告》（"生态文明绿皮书"）已连续出版到第 6 部，《中国省域经济综合竞争力发展报告》已连续出版到第 10 部，同系列皮书还有《中国省域环境竞争力发展报告》、《二十国集团（G20）国家创新竞争力发展报告》、《全球环境竞争力报告》和《世界创新竞争力发展报告》（以下简称"竞争力系列"）也已出版数部。同样，近年来依据指标体系评价或指数研究的相关文章或报告亦有明显增多趋势，如自 2009 年版"法治蓝皮书"就开始连续刊载的"余杭法治指数报告"，已经连续测评发布了 8 年；"法治蓝皮书"六七年来连载的政府透明度指数报告、司法透明度指数报告等影响与规模日益扩大；近年来"法治蓝皮书"连续推出的法治指数测评报告每年已达 6 篇以上，内容涉及政府透明度、司法透明度、检务透明度、海事司法透明度、浙江法院阳光司法、北京法院阳光司法（以下简称"透明度系列"），这些研究成果无论是学术影响力还

---

① 百度百科，http://baike.baidu.com/view/1681156.htm? fr = aladdin。

是社会影响力都很大。

本文依据相关皮书研究成果梳理了指标体系评价研究方法的应用情况，讨论了编辑工作中发现的几个小问题，并进一步探讨了指标体系评价研究中应注意的价值选择。

二 问题讨论

基于上文对指标体系评估相关皮书及报告的梳理，以及指标体系评价研究涉及的庞大甚至是海量数据，下文进一步讨论指标体系评价研究中几个值得注意的问题。

1. 数据来源

从数据来源看，"生态文明绿皮书"和竞争力系列皮书主要依据国家统计部门发布的各种统计年鉴数据，通过深入挖掘数据价值进行评价，数据客观性较强，但有一定的滞后性；透明度系列和余杭法治指数的数据主要来自课题组调研或组织评估，通过各种渠道打分获取量化数据，有的是田野调查或实证研究数据，测评时间段课题组可以自主控制，一般按年度实施，时效性较强。为便于比较分析，本文将前者数据类型概称为客观性数据，后者数据类型概称为自主量化数据，以区别两类数据及其评价。

例如，《二十国集团（G20）国家创新竞争力发展报告（2001～2010）》《世界创新竞争力发展报告（2001～2012）》两部书统计分析了21世纪前十年左右包括中国、美国在内的世界主要国家的创新竞争力情况，对十年左右的数据进行纵向比较分析和评价，考虑到快速发展变化的当下中国及世界各国现状，其学术价值非常可观。这两部书的基础数据来源于统计年鉴，直接依据年鉴数据进行分析，或者通过年鉴数据和指标体系层层测算出间接指标数据，对这个时间段内的历史数据进行纵向比较，对比度及其效果都非常明显。可见，在同一版本内通过纵向比，以大跨度年份的数据为比较分析的对象，无论是数据量，还是对比结果，都有一定的震撼力和学术价值。

2. 数据可比性

综观透明度系列和竞争力系列及相关皮书的指数排位，其最基础的数据——指标个数、种类及权重，每年多少都有些许变化，因此同一指标排名在不同的版本中，即使两个版本的交叉年份的排位也是不可比的。实际验证也得出同样结论，将竞争力系列不同版本的交叉年份同一指标排名进行比较，的确不完全一样。2014 年"法治蓝皮书"中《浙江法院阳光司法指数报告（2013）》一文也确认了这一点："阳光司法指数的测评指标体系及权重每年都会据此进行优化，每年测评依据不完全相同，其测评分数也就不存在不同年度的可比性，但从指标体系的变化可以看出阳光司法工作的推进轨迹和累进式发展态势。"因此可以明确，总指数或者说间接指标排位（一般是一级指标和二级指标，其得分和排位是经过多层指标测算得出）跨版本就不具有可比性。但在庞大的指标体系内，数据类型和比较对象不是单一的，依据不同的研究对象和比较范围，指标是否可比需要具体讨论。

在不跨版本或者若干个版本的指标体系从指标数量到指标权重及测算方法都不变的前提下，不同层次的指标在各层次内进行比较是没有问题的，但问题是这些假定条件往往不能同时具备。数据可比性条件完全具备的是在同一个版本内的指标。

因而，要对指标数据进行比较，对比的对象和范围首先要界定清楚。例如，具体的基础指标（在指标体系中一般是三级或四级指标），即从统计年鉴中获取的原始指标数据，无论是跨版本还是跨年度抑或是跨指标体系，只要数据的统计来源或统计方法一致，进行比较是没有任何问题的。但通过基础指标测算出来的二级指标或一级指标得分，属于间接指标，受不同的基础指标组合、权重、评估方法等诸种因素影响，如上文所述，在同一版本内进行比较没有问题，跨越版本就要具体讨论可比的条件是否具备，慎重比对。

纵向大跨度年份数据比较的价值值得肯定，其实，不管是纵向比还是横向比，最可靠的还是在同一个版本内的比较。但有时尽管是在同一版本内的数据比较，比较的意义大小还需要慎重衡量选择。不管是直接来自统计年鉴的基础数据，还是经过层层测算出来的间接指标数据，经常因年份相近实际情况变化不大而使指标比较的价值和意义不明显。因此，此类情况下的数据更适合于横向比较，如不同国家、不同省份、不同城市的指数比较。

因此，不管是否在同一指标体系下，是否在同一地域内比较，间接测算出来的结果——指标数据如排名严格来说跨越版本即不具可比性，但直接数据的比较、横向比较有可讨论的范围。在比较前一定要明确指标数量、数据来源、权重、评估方法等是否发生了变化，明确比较的对象、范围以及前提条件。

3. 评价对象

从指标体系评价对象来看，研究对象的选择与评价工作的成效及价值密切相关。当然，评价对象选择也在一定程度上反映了课题组的思维导向性和引领性以及对相关话题的敏锐性和前瞻性把握能力及策划能力、执行能力等。例如，法治蓝皮书的政府透明度报告选择54家国务院部门、31家省级政府、49家较大的市作为评估对象，根据政府信息公开的年度重点领域以及制度实施情况的新进展、新要求，对评估指标进行调整。评估过程中能够发现当前政府信息公开制度实施中取得的进展和存在的问题，进而就未来完善政府信息公开制度提出对策建议。再如，《"十一五"期间中国省域经济综合竞争力发展报告》配合国家发展规划，挖掘特定时间段的数据价值进行指标体系评价，值得肯定。

三 指标体系设计及评价研究中的价值选择

1. 全面性与个性化

指标体系本身是依据一定的理论设计构建，它同其他理论分析评价方法一样，前提是假设正确，论证科学严谨，结果才具有可信度。指标体系涵盖的全面性是关系评估质量的重要方面，但从前文指标体系数据的可比性、数据来源等反观指标体系设计，拷问其科学性、合理性，可考虑的现实因素、价值选择等都有待多角度考量。指标体系的假设前提、主观性，加上年度指标数据变化、权重调整等因素，可以判定指标体系的全面性只是众多选项之一。当今时代，学术作品同其他文化产品一样，要强调创新，而机械化流水线批量产品往往上不了档次，因为我们的时代推崇的是独创性、是个性化定制，"撞衫"不免会令人尴尬。因而，不妨尝试考虑一下"片面性"研究，指标体系可以小型化，增强灵活性，每年都可以根据形势变化设定某个特定的主题，每年都形成不同的关注侧面，这样，多年坚持下来也会积累同一研究对象的不同侧面，真正实现个性化与全面性的辩证统一。加强灵活性和适应能力，提升个性化、小面向、碎片化的处理解决问题能力，相信这也是时代潮流下大势所趋的学界吁求。

2. 进化论与导向性

如前文所述，一级指标和二级指标一般是综合性、间接性的测算结果，跨版本严格来说并不完全可比，因而，在指标体系设计中就不需要顾忌年度可比性和连续可比性；应紧跟形势，与时俱进，让指标成为衡量或评价经济社会发展状况的标尺，即标准要随形势变，打破机械固化一劳永逸的指标体系评估惯性，指标体系要体现动态性，不断进化。例如，中国经济总量已经居世界第二位，这是30多年经济建设中心论的成果，但当前阶段转变经济增长方式、调整经济结构、追求经济增长的质量和效益，已成为推动经济社会持续发展的必然诉求和动力来源。因而，作为衡量标尺的评价指标体系，在指标选择、指标权重设计以及分析工具选择等方面，就需要作相应调整，显示出随经济发展变化有所侧重的一面，增加衡量"转型升级""结构调整""质量和效率"方面的指标数量和权重，而不是一味片面关注"增长速度"，速度总量类指标如GDP的权重可以下调，这也是当前中国社会的发展趋势要求。

也就是说，指标体系要随时势"进化"，否则，即使基础数据可靠，指标体系评价的趋向性不明显，评价结论的科学性也难免引人置疑。

其实，不管评价对象是经济、社会、文化领域还是环境抑或是生态文明，不同发展阶段的经济建设或生态文明建设重点和侧重点是会变化的。不同地区的发展基础和资源环境禀赋等差异，决定了注重发展性和适用性的指标体系评价选择，才有现实意义和应用推广价值。因此，指标选取与权重设置要有侧重点，该重视该提倡的方面，要通过加大指标权重来强化，这也验证了指标体系设计受主客观因素影响。但无论如何，每年根据阶段性发展需要设置带有导向性、可量化考核的指标是有现实意义的。这至少可以将各方力量和资源导向有重要影响或价值的领域，或者促进薄弱环节与难点问题的解决，使指标体系的设计及评估过程发挥引导和塑造作用，也就是指标体系评价方法应用的导向性。

3. 学理性与实务性

近年社会科学文献出版社出版的指标体系评价相关皮书，全球层面的研究成果如《全球环境竞争力报告（2013）》《世界创新竞争力发展报告（2001~2012）》，全国层面的如"中国省域竞争力蓝皮书""生态文明绿皮书"等，局域性地方层面的大多是评估报告，如"法治蓝皮书"多年连载的浙江余杭法治指数报告、2014 年版"扬州蓝皮书"也出现了地方性的指数成果——《扬州市生态文明建设政绩考核体系研究》。前两类宏观层面的研究，主要以客观数据为依据，采用层次分析法等计算出各级指标的得分及排位结果，缺点是缺少实地调查，主要依赖统计数据，往往针对性欠佳；局域性评估一般根据自主评价打分，如余杭法治指数测评采取民意调查、内外部组评估、专家组评审的方式，一般也无国家权威部门的统一数据可依据评价，但相对针对性较强，也有很强的地方主导因素和特色。

对比宏观层面研究与局域性研究可以发现，前者偏重学理性，研究过程高度依赖国家统计部门每年发布的统计年鉴数据，数据量庞大，客观性较强，但实用性、针对性有所欠缺，部分数据有年度可比性；后者偏重实务性，一般是当地政府部门根据实际工作需要，聘请科研院所等研究机构实施的评估活动，有实地调研数据，数据量一般不大，多数是通过打分等主观方法获取数据，因为实务性较强，指标体系设计一般比较灵活，每年可以根据形势发展需要和工作愿景设计指标，体现不同的侧重点，也没有必要一定强调年度可比性，而是重视对实际工作的督促、引导作用，同时也有政绩考核的强力拉动。

与局域性评估类似的还有专题性测评，典型如中国社会科学院法学研究所每年通过"法治蓝皮书"发布的透明度指数报告，在学界和实务界影响都很大。政府透明度指数报告主要是依据《政府信息公开条例》的法规条文设定测评指标，每个年度指标设定都会有所变化，指标内涵逐年细化，遵循由浅入深、由表及里的逻辑；上年度对某一指标的测评可能只是形式考察，只要满足这个指标的表面形式就可以得分，但在下一年度就会提高要求，升级为实质性考察，如扩大测评范围、细化指标的实质内容以及是否发挥实际作用等。指标评估得分采取网站观察、实地调研、座谈访谈、书面发函等方法获得量化数据，有的指标还通过实际验证，如电话验证，发送快递、邮件验证等，验证政府部门是否做到《政府信息公开条例》规定的公开事项，显示了务实性、导向性指标评价的巨大价值。在政绩考核关涉政府脸面与官员前途的当下中国，政府透明度指数测评结果一经媒体报道，无疑很容易牵动政府相关部门的神经，进而成为政府部门加紧改进工作的动力，这也正是政府透明度指数测评的价值——推动法律实施与社会进步。因而，不管是偏重学理性还是实务性，将指标体系评价与实际工作相结合，与绩效考核挂钩，与政绩考核形成良性互动，应是学界与实务界共同努力的方向。

4. 科学性与前瞻性

从数据来源与研究方法看，客观性数据来源依赖于国家统计系统，难免有一定的滞后性，只能是对过去的评价，但通过历史数据的挖掘，在世界范围内的横向比较或国内的纵向比较，都可以催生出很有价值的研究成果，如果拘泥于年度（跨版本）数据的可比性，会陷入机械性、模板化，令其前瞻性、科学性受到考验。当然，弥补数据的滞后性问题，可以通过策划专题报告深入分析，及时反映最新的年度变化情况，竞争力系列皮书正是这两方面的结合。自主量化数据虽然受个体因素影响，但在指标体系设计上可以有较大的能动性，也可以反映设计主体的前瞻性愿景要求，使指标设计与评估兼具灵活性与实用性。但不管是自主量化数据还是客观性数据的获取，指标体系评价从方案设计到具体执行操作，都难免掺杂进各种主客观因素，都需要考虑指标体系的科学性、前瞻性，克服机械性、主观性等不良倾向。受限于数据的可得性，指标体系的主观性、选择性、倾向性难以避免。其实，对于数据而言，不管是自主量化数据还是客观性数据，不管是定性评价还是定量评价，都有一定的相对性。

故此，指标体系评价过程中要慎重考量不同数据来源与研究方法的利弊，确保评价结果的前瞻性、科学性与可信度。通过指标体系的设计、评价工作，来回应社会发展的内在需求，从而发挥指标评价在引领、推动和保障改革发展方面的重要作用，推动评估工作服务于经济建设和社会发展。从中国国情出发选择务实科学的方法，恰当借鉴，不轻率移植，将指标体系评价建立在科学的学理研究与全面的实证评估基础之上。

参考文献

李林主编《中国法治发展报告》，社会科学文献出版社，2009 ~ 2012。

李林、田禾主编《中国法治发展报告》，社会科学文献出版社，2013 ~ 2014。

严耕等著《中国省域生态文明建设评价报告（ECI 2010)》，社会科学文献出版社，2010。

严耕主编《中国省域生态文明建设评价报告》，社会科学文献出版社，2011 ~ 2014。

李建平、李闽榕、高燕京主编《中国省域经济综合竞争力发展报告》，社会科学文献出版社，2010 ~ 2014。

李建平、李闽榕、赵新力主编《世界创新竞争力发展报告（2001 ~ 2012)》，社会科学文献出版社，2013。

李建平、李闽榕、赵新力主编《二十国集团（G20）国家创新竞争力发展报告（2001 ~ 2010)》，社会科学文献出版社，2011。

李建平、李闽榕、王金南主编《全球环境竞争力报告（2013)》，社会科学文献出版社，2013。

丁纯主编《扬州经济社会发展报告（2014)》，社会科学文献出版社，2014。

实施科研管理创新，
提升地方社科院皮书研创质量

——贵州省社会科学院皮书管理经验总结

戈　弋*

摘　要： 近年来，世界各国都在定期出版自己国家或地域、各领域的白皮书、绿皮书、蓝皮书等各色皮书，中国也不例外。在中国，皮书作为出版物的一种表现形式以图书方式出版，应该是改革开放之后的事情。而真正得到社会各界认识与重视的是由社会科学文献出版社 20 世 90 年代后期以来出版的一系列皮书。在这种良好的发展态势中，贵州省社会科学院不忘自己作为地方重要智库的使命，开始策划编撰与贵州省地方社会经济发展的诸多方面息息相关的皮书，经过几年努力，其延续性已经呈现出良好态势。当然，毋庸讳言，作为后发地区，贵州省的科研水平也有待提高。如何在坚持策划好既有皮书的基础上，开拓新的皮书研究领域，提升皮书的研创质量，扩大皮书的社会影响力，从而更好地为地方的社会经济发展出谋划策就成为摆在贵州社科人

---

* 戈弋，贵州省社会科学院科研处副处长，主要研究方向为科研管理、区域经济。

面前的一项关键任务。

关键词：皮书　科研管理　贵州蓝皮书　研创质量

20 世纪 90 年代后期以来，社会科学文献出版社陆续出版的一系列皮书对每一年度中国与世界经济社会各领域的现状和发展态势进行分析和预测。专题类皮书包容万象，虽不处皮书出版物的核心区域，但品种多样、内容广泛，编著者均为国家有关部门的项目课题组、学术机构以及专门的科研单位，因而同样具有较高的决策参考利用价值。与核心类"白皮书"不同，这类皮书数量众多，单就皮书颜色而言，红黄绿蓝黑金，无所不有，加之其"准政府"出版物的特殊地位，是形成目前皮书现象的中坚力量。对于皮书的发展来说，利好的是，社会科学文献出版社策划的"皮书系列"继"十二五"国家重点出版规划项目后再次入选"十三五"国家重点出版规划项目。皮书的重要性已无可置疑。

随着皮书影响力的不断提升，皮书研创单位积极地加入皮书的编撰。社会科学文献出版社皮书研究院在激励院外皮书课题组重视皮书研创质量的同时，不断推广贵州社会科学院皮书管理经验，促进院外皮书研创单位加强对皮书的管理。目前，部分院外皮书研创单位不断实施科研管理创新，对皮书进行整体把控，在皮书内容质量的提高和社会影响力的提升等方面积累了丰富的经验。

贵州省社会科学院近年来连续推出了系列皮书，其中包括《贵州法治发展报告》《贵州社会发展报告》《贵州人才发展报告》《贵安新区发展报告》《贵州民航业发展报告》等，对贵州省各个领域和行业的现状与发展态势进行分析和预测，充分发挥了皮书作为智库产品的资讯参考和建言献策的功能。目前贵州系列蓝皮书已成为贵州省委、省政府部门决策的主要参考和学术界对贵州省开展应用性研究的重要依据，同时也是地方社会科学院出版蓝皮书较多的社会科学院。

贵州省社会科学院在推出系列皮书的同时，更把皮书的科研管理创新作为提升皮书学术质量、扩大皮书成果影响力的重要途径，作为建设地方智库、发挥智库建言献策功能的重要渠道。目前，贵州省社会科学院主要从以下四个方面对皮书进行管理。

一 规范皮书编撰的各个环节，加强皮书管理

1. 统筹规划，整体把控

每年贵州省社会科学院科研处定期组织召开关于皮书编撰的工作会议，吴大华院长出席会议并对蓝皮书工作予以整体安排。在每年年初召开的关于皮书的工作总结和计划会上，各皮书项目组负责人汇报上年度蓝皮书的工作、出版等情况，并介绍本年度皮书的发展规划、写作规划、编撰内容、经费预算、出版工作等情况。

2. 积极协调，保证质量

在皮书编撰过程中，贵州省社会科学院通过建立院皮书数据库，每部蓝皮书课题组都组建了一支相对稳定的作者队伍。在此基础上，每个皮书课题组确定 1~2 个统稿人员，积极做好部门间的协调工作，并定期组织召开选题讨论会、审稿会，进行皮书编撰工作的检查。

3. 进行自查，加强规范

贵州省社会科学院要求各个皮书课题组必须熟悉皮书研创中

的各项规范要求，严格按照《皮书手册》进行编撰，并在提交书稿给出版社出版之前，先将书稿报送院科研处在院里进行学术不端查重，查重率通过后才可以送稿，对查重率超好的皮书及时补充修改，充分做好出版前期的准备工作以缩短出版时间。

4. 财务明晰，规范管理

在皮书的编撰过程中，贵州省社会科学院要求各个皮书项目组严格按照审核通过的编撰方案和财务规范使用科研经费。

二　注重与省委、省政府职能部门合作，
提升皮书研创质量

在加强皮书研创规划的同时，贵州省社会科学院不断明确分工、优化选题，并积极吸纳省委、省政府有关部门参加或合作，加强与省直有关部门和各市（州）政府合作，以此提高项目组的专题调研能力。在调研过程中注重收集材料和最新数据，合理创新研究方法，提高皮书质量。例如，《贵州民航业发展报告》不仅全面介绍了贵州民航业发展概况、民航业对经济社会的促进作用、民航业未来发展趋势等内容，并且是全国第一本关于地方民航业的蓝皮书，其研究内容起点高，技术性较强，具有保存价值。

三　建立激励机制、充分重视皮书研创

为进一步加强院皮书研究平台建设，打造相对稳定的皮书研创团队，全面深化皮书价值，提高皮书编撰水平，2015年贵州

省社会科学院将使用"中国社会科学院创新工程学术出版项目"标识的《贵州法治发展报告》《贵州社会发展报告》等皮书的单篇报告在院科研考核中等同于发表在核心期刊的文章分值进行计分，以激励作者进行高质量的研创，提升皮书原创水平。同时，将所有的贵州蓝皮书的出版作为本单位的重点工作，科研处组织召开蓝皮书专家咨询会和培训会，并列入当年全院职能绩效目标进行考核和院督促项目，由科研处和院监察室具体督察，对各蓝皮书进行中期督察，以督促皮书工作的开展和高质量完成。

四　加大推广力度，扩大皮书影响力

《贵州法治发展报告》《贵州社会发展报告》《贵安新区发展报告》《贵州民航业发展报告》等皮书出版后，贵州省社会科学院积极协助项目组召开新闻发布会，邀请相关专家参会，并邀请相关领域院内外知名专家交流，请电视台、报纸、网络等媒体进行宣传报道，以扩大皮书的影响力。

贵州省社会科学院通过严把蓝皮书质量工作，加强皮书管理，积极推行蓝皮书"成熟"一部就推荐在社会科学文献出版社出版一部，逐步地提高了出版的档次，显著地提升了贵州省社会科学院蓝皮书的知名度。2016年贵州社会科学院拟编撰皮书13部，包括《贵州法治发展报告》《贵州社会发展报告》《贵州文化产业发展报告》《贵州农村扶贫开发报告》《贵安新区发展报告》《贵州民族发展报告》《毕节试验区改革发展报告》《贵州人才发展报告》《贵州省国有企业社会责任发展报告》《贵州民航业发展报告》《贵州民营经济发展报告》《贵州妇女发展报告》《贵州册亨经济社会发展报告》等。现在已经有《贵州法治发展报告》《贵州社会发展报告》《贵州人才发展报告》《贵安新区发展报告》《贵州民航业发展报告》《贵州册亨经济社会发展报告》等6部蓝皮书在社会科学文献出版社出版，同时要求其他蓝皮书逐步提高质量，并在要求年限内由社会科学文献出版社出版。

目前，贵州省社会科学院科研处会同财务处等相关部门已经着手准备出台皮书管理（含经费）实施办法，以便更合理、更规范、更科学地对皮书进行管理。

提高蓝皮书研创质量和社会影响力的路径探讨

——以"河南蓝皮书"为例

任文武[*]

　　河南省社会科学院是出版皮书较早、数量较多的单位之一，2012 年前，出版了《河南经济发展报告》《河南社会发展报告》《河南文化发展报告》等蓝皮书。从 2012 年开始，皮书研创的领域不断扩大，先后增加了《河南城市发展报告》《河南工业发展报告》《河南法治发展报告》《济源经济社会发展报告》和《巩义经济社会发展报告》，累计达到 8 种，成为智库建设最综合、最前沿、最及时、最聚焦的平台和发力点。

　　河南省社会科学院在编撰皮书的过程中，采取了综合管理措施加强对皮书的管理，特别是在科研机制创新、科研成果认定等方面突破了传统管理模式，注重统筹皮书研创的各个重要环节，进一步提高了皮书的研创质量水平和社会影响力。目前，河南省社会科学院编撰的皮书不仅受到编撰单位领导的高度重视，也受

---

　　* 任文武，社会科学文献出版社皮书出版分社总编辑。

到当地省委省政府领导的高度关注，成为咨政建言的重要参考和通道。例如，《河南经济发展报告》曾多次受到河南省委、省政府的领导批示。

一　把皮书研创纳入院级重要议事日程

河南省社会科学院始终坚持围绕中心服务大局，把皮书研创作为全局工作的重中之重进行安排部署，为了做好皮书研创工作，成立由院主要领导牵头的皮书系列编委会，由院长任编委会主任，副院长任编委会副主任，委员由各类皮书主编组成。各类皮书的主编、副主编由编委会统一确定，编委会具体统筹协调皮书研创的重点环节，并对年度皮书的主题和质量严格把关；每种皮书的总报告和涉及评价排名等内容的重要专题报告，都要提交编委会进行讨论研究，提出修改意见，有的皮书报告经过多次修改才获通过。院务会议将皮书创研列为重要议题，定期听取皮书研创情况汇报，就皮书创研的重要问题进行研究并适时做出决定。

二　制定详细的皮书研创规章制度和工作流程

河南省社会科学院制定了包括皮书主题确定、框架设计、内容创新、作者选择、编撰进度、出版发布和评价评奖等一系列、一整套严格的皮书研创规章制度。皮书系列编委会每年召开两次皮书研创工作会议，集中讨论各类皮书的主题和框架，确定主编、副主编，听取总报告及分报告主要内容的汇报，对需要继续修改和完善的报告，要求按质、按时完成和提交。在撰写过程中，编委会始终坚持学术的原创性，要求每篇报告都必须通过内容重复率检测且保证在皮书上首发。

三 把理论与实践创新作为皮书研创的灵魂

皮书年年编，如何创新是难题。为了防止皮书内容一般化和流于形式，河南省社会科学院坚持把理论与实践创新作为皮书研创的灵魂，特别是注重与时俱进地锤炼每本皮书的年度主题，以求皮书研创紧密联系经济社会发展的大局，聚焦热点难点问题。例如，《河南经济发展报告》（2011～2015年）分别以"转变发展方式与河南经济增长""中原经济区'三化'协调发展""中原经济区先行先试""打造河南经济升级版""新常态下的河南经济发展"为年度主题。这样的安排，增强了皮书研创的时效性、针对性，有利于对全省经济社会发展的基本态势、鲜明特征和主要趋势进行科学判断和准确分析。

四 把蓝皮书研创纳入科研考评工作中

河南省社会科学院把皮书研创作为科研考核体系的重要内容。《河南省社会科学院科研考评暂行办法》规定，对蓝皮书主编、副主编以及总报告、专题报告等撰写人员的科研工作分别进行量化，皮书主编及总报告的量化积分等同于院内认定目录的B类期刊文章，副主编的量化积分等同于院认定目录的C类期刊文章，专题报告的量化积分等同于院内参考（《领导参阅》《呈阅件》）的采用稿件。据中国知网以"河南省社会科学院"为关键词搜索的不完全统计，2013 年河南省社会科学院共发表期刊、报刊、会议及皮书报告等各类论文 358 篇，其中皮书报告 135 篇，占总数的 37.7%；2014 年各类论文总数达到 448 篇，皮书报告 198 篇，占总数的 44.2%。这显示出皮书报告已经成为科研考核体系中论文项的重要组成部分，从而有效避免了皮书研究报告在学术上不被认可，皮书研创和科研"两张皮"的现象，有效调动了科研人员参与皮书研创的积极性。

五　制定皮书研创的激励机制

河南省社会科学院规定，皮书可以参加院年度学术著作评奖，目前已有多部皮书获院年度优秀著作二等奖。《河南省社会科学院社会科学研究系列专业技术职务申报办法》明确规定，皮书报告与期刊发布的学术论文一样，可以作为晋升中级专业技术职务的条件。河南省社会科学院规定，撰写皮书报告，稿酬从优，对在中国社会科学院组织的全国皮书评奖中获奖的皮书和总报告，按照省级奖项对待，给予 1∶1 的配套奖励，对于本院获"中国社会科学院创新工程学术出版项目"标识的皮书，稿酬在原有基础上提高 50%。

六　健全皮书创研工作机制

近年来，河南省社会科学院从皮书创研的进度、调研、出版、发布、交流等各个方面，对皮书工作统一协调，健全皮书研创工作机制。在进度上，严把质量关和重点环节，一般每年 8 月召开年度皮书工作会议，确定各类皮书的框架提纲，9月，编委会听取各类皮书总报告及分报告撰写汇报，提出修改意见；在调研上，提前谋划和精心准备，组织规模不等的省情调研，及时了解和把握发展中出现的新情况和新问题；在出版上，增强皮书的完整性和连贯性，以附录的形式将上一年官方暂未公布的数据补充完善，防止数据的断裂和碎片化；在发布上，制定皮书推介发布机制，利用年末岁首或重要时间节点（省党委会、省委全会、省委经济工作会议、省"两会"等），除每本皮书单独召开出版发布暨研讨会，邀请相关领域院内外知名专家交流探讨以外，请电视台、电台、报纸、网络等主流媒体进行报道。例如，《河南经济发展报告》《河南文化发展报告》多次在河南卫视新闻联播上重点报道，成为社会关注和热议的话题。

七 加强皮书研创的经费保障

河南省社会科学院注重对皮书研创的经费支持，将皮书研创的省情调研、会议组织、学术交流、数据收集、条件改善、对外联络、皮书发布等各个环节都纳入院级财政预算，建立了统一管理和跟踪管理的经费运行机制，保障专项经费的合理化、规范化使用。与此同时，不断提高行政服务水平，经费管理机制得到进一步优化。在皮书研创的过程中，编委会积极协调各个课题组遇到的经费问题，确保皮书专项经费按规定拨付到位，保障了皮书研创工作顺利开展。

皮书编辑与评价篇

学术图书评价实证研究[*]

——以应用性研究成果皮书内容评价为例

张艳丽　蔡继辉[**]

摘　要：对人文社会科学类学术图书的评价因其学科及成果形式的多样性、差异性导致评价对象具有更强的复杂性，从而受到国内外学界的广泛关注。本文以社会科学文献出版社应用性研究成果皮书的内容评价为案例，通过对皮书的评价指标、评价方法进行分析，提出了可依据学术图书的表现形式进行评价、对专家的信度进行实证评估、学术出版社可作为第三方评价机构等建议，为评价此类研究成果提供了一定的借鉴。

关键词：学术图书　学术评价　同行评议　皮书　应用性研究成果

---

* 本文为国家社科基金重点项目"中国学术图书质量分析与学术出版能力建设研究"（批准号14AXW006）的阶段性研究成果；本文发表于《出版广角》2016年第14期。

** 张艳丽，社会科学文献出版社皮书研究院院长助理兼成果评价中心主任；蔡继辉，社会科学文献出版社副总编辑、皮书研究院院长。

对人文社会科学类学术图书的质量进行评价一直是国家行政主管部门、出版机构以及学者关注的焦点，采用完善的学术图书质量评价指标、方法和流程，对人文社会科学类学术图书的学术价值进行综合评判，对提升学术成果的影响力、促进学术繁荣、推动学术研究的健康发展发挥着重要作用。根据学术图书的功能，人文社会科学类学术图书包括基础性研究和应用性研究。

社会科学文献出版社出版的系列研究成果"皮书"是典型的人文社会科学领域的应用性研究成果。在新的时代下，皮书被赋予了新的功能定位，党的十八大以来，党和国家高度重视智库发展，皮书是一种具有鲜明话语特征并被国际社会关注和接受的智库报告。目前，我国出版的人文社会科学类学术图书总量在逐年增加，但总体水平不高几乎是被人们公认的事实。在此大环境下，社会科学文献出版社通过对皮书的评价指标、评价方法和评价程序的实践，对我国人文社会科学领域应用性研究成果评价进行了积极的探索。

皮书评价从 2009 年开始，参评皮书的数量逐年递增，在这个过程中，社会科学文献出版社对皮书的评价工作不断进行摸索，得到了广大课题组和社会各界的认可。目前皮书评价已经成为某些科研机构进行资助与人员考核的重要标准。

一 人文社会科学类学术图书评价方法综述

1. 国外人文社会科学类学术图书评价方法综述

同行评议法是国外对人文社会科学评价广泛采用的评价方法。17 世纪中叶英国皇家学会刊物的创刊时期开始使用。随即在其他国家的出版社也得到了广泛的应用。国际上牛津、剑桥等大学出版社，都有一套匿名评审、同行评议的规范流程对图书的准入进行评价。

同行专家评议本是一种被国外普遍采用，并获得广泛认知度的评价方法，但在实际操作中，往往因为多种原因导致过多的人为干扰，使评审失去公允，很难保证评价的客观性。因此，国外人文社会科学界普遍呼吁更为客观的评价标准。科学计量学是19世纪60年代开始兴起的，普赖斯（1962、1963）在其发表的学术专著中首次提出"引文分析"。Peter 和 Leon（2010）运用引文分析的文献计量法评估了某一人文社会科学项目的出版物的影响。学术图书评价也逐渐开始采用引文评价。Elea Gime'nez - Toledo 等（2013）认为评价学术图书最好的方式是通过同行进行详细阅读而进行评价。Neville（2014）认为引文指标作为图书的评价标准非常重要。随着引文评价被广泛采用，学者对引文评价提出了质疑，Mohammadi 和 Thelwall（2014）认为引文评价受到读者人数的影响。

同行评议存在由于个性原因导致结果差异大、缺乏公平性等问题，引文分析在全面判定一个学术成果的品质中也存在一定的局限。因此国外一些学者认为可以采用引文评价与同行评议相结合的评价方式。Kousha 和 Thelwall（2007）对人文社会科学类的图书评价进行了专业性的研究，认为可以采用引文指标和通常的学术评价指标同时对社会科学类图书进行评价。Kayvan 等（2011）强调了引文评价方式可以为同行评议提供更多的参考信息。

2. 国内人文社会科学类学术图书评价方法综述

国内人文社会科学类成果评价的发展，经历了从较为单一的同行评议，到同行评议与文献计量分析相互补充的综合评价的演变过程（任全娥，2010）。20 世纪 80 年代同行评议机制被正式引入国内，此后，同行评议被大量应用到人文社会科学成果的评价中，国内的一些著名的图书评奖，比如，中国出版政府奖的"图书奖"，"五个一工程"奖的"一部好书"奖，中华优秀出版物奖的"图书奖"均采用了同行评议的方式。

我国自 20 世纪 80 年代引入引文分析并开始用于期刊的评价，随后引文评价期刊的方式逐渐被引入对学术图书的评价中。苏新宁等（2011）运用文献计量学对中国人文社会科学图书的学术影响力进行了分析。唐晓燕（2014）对引文次数进行统计，运用二八定律测定出核心学术图书。

国内学者认为，不论是引文分析还是同行评议，均不能够客观、公正地对学术图书进行评价。引文分析与同行评议的有效结合是最佳的评价方式。倪润安（2004）认为，在互相关联和牵制中尽量降低同行评议和引文分析法两种方法的缺陷的负面作用，形成"组合效应"。刘建辉（2007）认为对学术成果评价的方法可以采用多种方式，既要完善引文分析法的应用，又要巩固同行专家评价方法的主体地位。在面对复杂评价对象和评价问题时，既需要定性评价，又需要定量评价，因此综合评价成为科学评价的首要选择（任全娥，2010）。

二 皮书作为智库报告在当下中国赋予新的功能定位

1. 皮书的起源与发展

"皮书"最早是以白皮书的形式出现在十八、十九世纪的英国，1991年，国内"经济蓝皮书"作为正式出版物公开出版发行。而"皮书"作为一种出版形态，最早是由社会科学文献出版社社长、中国社会学会秘书长谢寿光提出并践行的，是从该社出版的蓝皮书、黄皮书、绿皮书综合演化而来的，由一系列权威研究报告组成。随着"皮书"在国际、国内影响的日益增大，"皮书"这一称谓在社会上得到广泛流传。目前，社会科学文献出版社的皮书系列已经达到300多种，分为蓝皮书、绿皮书、黄皮书系列，内容涉及经济、社会、文化、行业、国际问题、地方发展等各个领域。

2. 新时代赋予皮书新的功能定位

智库是国家软实力的重要组成部分，随着社会形势的演变，智库在政府决策、引导理论、传递中国话语等方面发挥着重要的作用。皮书作为一种专题性研究报告，以定期连续发布的方式，通过媒体的话语转换和传播，引导社会舆论，引起决策者的关注和吸纳，最终影响决策。它基本上涵盖了智库的主要功能和作用方式。目前，皮书研创出版已经成为中国特色新型智库建设的重要抓手和智库成果重要的发布平台。

三 皮书发展回顾及评价作用凸显

1. 皮书发展回顾

1997年12月社会科学文献出版社出版了第一本经济蓝皮书，即《1997年：中国经济形势分析与预测》，近二十年来，皮书的社会知名度不断提升，皮书的种类也不断增加，从原来的几种发展到目前的300余种，如图1所示，出版数量从1998年的5

种增加到 2015 年的 342 种。皮书不仅发展成为社会科学文献出版社的核心品牌，更是中国社会科学界的知名品牌。

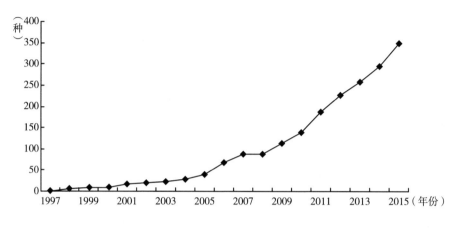

图1 1997~2015 年出版皮书种数统计

2. 皮书评价的作用愈发凸显

随着皮书作为社会科学研究成果权威出版平台地位的凸显，越来越多的科研团队加入了皮书的研创与编撰中，截止到 2015 年底，当年度已经出版 342 种皮书。皮书是应用对策类研究报告中影响力比较大、出版数量比较多的年度性研究报告，然而，皮书并不是一般的应用性研究成果，它对时效性、前沿性、实证性的要求更高，也是这种特点对研创团队提出了更高的要求。但随着出版周期逐渐缩短，少数皮书的学术图书质量逐渐出现了一系列的问题，包括内容质量不高、主题与上年重复、学术规范有待加强、重复率过高等，有价值的研究报告所占比重不断下降。皮书存在的质量问题，也是大背景下人文社会科学类学术图书存在的普遍问题。

介于大环境下人文社会科学类学术图书的学术质量以及皮书

的出版状况，对皮书内容质量进行系统评价的作用进一步凸显。皮书评价工作自 2008 年开始，2008 年的皮书评价得分及排名在"第九次全国皮书工作会议"上首次发布，至今已连续开展 10 年。为了更加专业、持续地对皮书进行评价，社会科学文献出版社于 2009 年成立了皮书评价研究中心，于 2014 年更名为皮书研究院。自 2008 年首次公布以来，参评的皮书数量随着皮书出版数量的增加而逐年递增，截至 2015 年，皮书参评数量达 308 种。一方面通过皮书评价找出问题，供课题组参考，为下一年度的皮书研创提供改进思路。另一方面，皮书的评价结果得到了广泛的应用，目前皮书评价不仅是皮书能否进入中国社会科学院哲学社会科学创新工程学术出版资助项目和院外皮书使用"中国社会科学院创新工程学术出版项目"标识的关键指标，皮书分级资助的最主要标准，也是皮书评奖与淘汰的重要衡量依据。

四 评价指标的演变发展

皮书的评价指标体系从最初的设立，到经过多年的摸索和修正，目前已经形成了一套比较完整的评价指标体系，如图 2 所示。

五 皮书内容评价的特点

一个成熟的评价体系不是理论思辨的结果，而是在实践的互动中逐渐摸索、修正形成的。社会科学文献出版社的皮书评价，正是在多年不断对人文社会科学类应用性研究成果评价的探索中形成了一套比较完善的指标体系。

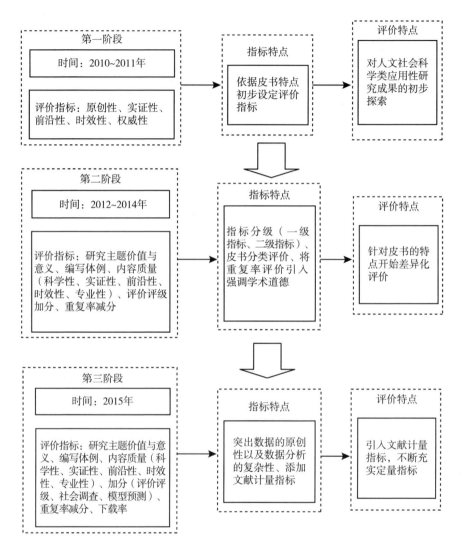

图2　皮书内容评价指标演变

1. 依据皮书特点分类设置皮书的评价指标

皮书内容评价指标的设置中，依据皮书学科领域的特征进行了分类设置。皮书按照学科领域分为经济、社会政法、文化传媒、行业、地方发展、国际问题等类别，依据皮书的不同类别，在指标设置时，也有所差异。例如，原创性指标的设置在地方发展类皮书中进行了弱化，实证性指标在国际问题类皮书中进行了弱化。

自 2015 年起，皮书研究院将皮书的评价指标做了两个方面的调整，第一，考虑到不同的学科特点，加分项部分设置了评价评级、社会调查以及模型分析与预测等三项内容。第二，将科学计量方法引入皮书的评价中。科学计量包括多种指标，其中引文是最常用的一种，计算引文量的前提是所评价对象在时间上有一定的积累，但皮书具有时效性，评价的是当年度的皮书，采用引文的方式显然不够合理，因此采用"皮书数据库"的下载率作为科学计量的指标。同行评议能充分发挥专家的特长和优势，文献计量则给专家评议的主观判断提供客观数据参考，也就是说皮书的内容评价将同行评议与文献计量进行了比较好的结合。

2. 依据皮书的特色更加注重同行评议的细节设计

皮书的主观评价指标采用同行评议的方式完成，在现实中很容易失去公正性和客观性，且评审结果不易被量化和比较。因此，对评价皮书的同行专家，社会科学文献出版社更加注意细节设计，具体包括：第一，成立皮书学术评审委员会保证同行专家的延续性。在组织专家对皮书内容进行评价的同时，由于皮书具有连续性的特征，针对这种特征，自 2010 年起，设立了皮书学术评审委员会，每两年一届，这样保证了同行专家对皮书的研创特点比较熟悉。第二，依据专家的学科进行分组评价，保证评价的专业性。第三，同行专家包括相关学科学者、学术期刊资深编辑、资深媒体人等，保证了专家的多样化，不同领域的专家对皮书的认知、掌握的信息量不同，对皮书的评价视角亦不同，通过多样化的专家对皮书的内容质量进行评价，保证了评价结果的客观性。

六 皮书评价实践中对人文社会科学类学术图书评价的思考

1. 对学术图书按照表现形式进行分类评价

对图书进行分类的《中国图书馆图书分类法》是我国目前通用的图书分类工具，主要是依据学科的内容对图书进行划分，但此种分法并不适合对人文社会科学类学术图书的评价。对人文社会科学类学术图书进行评价，可依据研究成果的表现形式或功能分类评价。

2. 对专家的信度可进行实证评估

同行评议容易受到各种非学术因素的影响，进而影响评价信度。卜卫等（1998）认为评估者的信度包括整体信度和评委个人信度。其中评估者整体信度可以采用肯德尔系数来估计，测试评委的态度是否一致。对评委个人信度分析方法比较多，包括计算同质性系数、相关系数、建立回归方程以及因子分析法。皮书的评价不仅对评价指标进行了不断完善，而且在多年的探索中，对同行专家的评价方式、评价流程也在不断摸索和改进，以期能够提升同行专家的评价信度。从实证的角度对同行专家的信度进行评价，也是今后努力的方向。

3. 出版社作为第三方评价机构更具客观性

皮书评价结果目前得到了广泛课题组的认可，一些课题组把评价结果作为当年度进行考核的依据，也有课题组对社会科学文献出版社皮书的评价指标和方法进行适当调整，运用到本单位的科研评价中。目前的学术评价中，中介机构作为一种专业性的独立评价机构，其最大的优势在于专业性和独立性，从社会科学文献出版社对皮书评价的实践可见，学术出版机构因数据资源基础丰富和夯实的同行专家基础更加具有第三方评价机构的特征。

参考文献

Elea Gime'nez – Toledo，Carlos Tejada – Artigas，Jorge Manana – Rodrguez. Evaluation of Scientific Books'publishers in Social Sciences Andhumanities：Results of a Survey. *Research Evaluation*，2013（22）：64 – 77.

Kayvan K.，Mike T.，Somayeh R. Assessing the Citation Impact of books：The Role of Google Books，Google Scholar，and Scopus. *Journal of the American Society for Information Science and Technology*，2011，62（11）：2147 – 2164.

Kousha K.，Thelwall M. The Web Impact of Open – Accesssocial Science Research. *Library and Information Science Research*，2007，29（4）：495 – 507.

Mohammadi E.，Thelwall M. Mendeley Readership Altmetrics for the Social Sciences and Humanities：Research Evaluation and Knowledge Flows. *Journal Of The Association For Information Science And Technology*，2014，65（8）：1627 – 1638.

Neville T. M.，Deborah B. Henry. Evaluating Scholarly Book Publishers—A Case Study in the Field of Journalism. *The Journal of Academic Librarianship*，2014，40（3）：379 – 387.

Peter W.，Leon U. A Bibliometric Study of Referenceliterature in the Sciences and Social Sciences. *Information Processing &Management*，1999，35（1）：31 – 44.

卜卫、周海宏、刘晓红：《社会科学成果价值评估》，社会科学文献出版社，1998。

刘大椿：《人文社会科学研究成果评价体系研究》，经济科学出版社，2009。

刘建辉：《社会科学学术成果评价方法探析》，《湖南大学学报》（社会科学版）2007年第3期。

倪润安：《中国人文社会科学学术成果评价体系建立的困境与出路——当前研究状况的总结与思考》，《管理论坛》2004年第2期。

邱均平、任全娥：《国内外人文社会科学科研成果评价比较研究》，《国外社会科学》2007年第3期。

邱均平、王菲菲：《社会科学研究成果综合评价方法研究》，《重庆大学学报》（社会科学版）2010年第1期。

苏新宁等：《中国人文社会科学图书学术影响力报告》，中国社会科学出版社，2011。

唐晓艳：《我国人文社科类核心学术图书分析——基于Google Scholar的被引统计》，《图书馆》2014年第2期。

谢寿光：《中国学术出版：现状、问题与机遇》，《出版发行研究》2013年第5期。

杨霞、熊世春：《社会科学研究成果综合评价指标体系研究》，《山西师范大学学报》（社会科学版）2008年第3期。

叶继元、袁曦临：《中国学术评价的反思与展望》，《中国社会科学评价》2015年第1期。

张国春：《社会科学科研成果的界定和分类》，《云梦学刊》2006年第6期。

蔡继辉、张静鸥：《皮书2012：价值与评价》，《中国图书评论》2013年第2期。

叶继元：《学术图书、学术著作、学术专著概念辨析》，《中国图书馆学报》2016年第1期。

协助前行，助力打造优秀皮书

——论皮书编辑的重要性

陈　颖[*]

摘　要： 随着皮书品牌的确立，皮书的数量进入爆炸式增长。质量参差不齐的新入皮书、连续出版多年的老牌皮书，都会或多或少地面临各种问题。为了保证皮书品牌的质量，并始终与皮书事业共同发展，其中皮书编辑的作用不可小觑。皮书编辑会全程参与皮书的创作与推广，助推优秀皮书的打造。而这种能力既源于其背后强大整体资源的支持，又有赖于其自身综合素质的提高。

关键词： 皮书　皮书编辑　全面管理

如果把皮书比喻成一艘航船，把主编比喻成船长、执行主编比喻成舵手、课题组成员比喻成水手的话，那么优秀的皮书编辑

＊ 陈颖，社会科学文献出版社皮书出版分社社长助理。

应该是皮书航母上外派的、在航船上一直坚守的挂职副指挥兼统筹。他需全程参与航船的策划、建造、完善和扬帆、起航，以及之后的续航、再扬帆，直至远航。

一 皮书编辑在各个环节的重要性

打造一本优秀的皮书，各个环节都需要精雕细琢、精益求精。这不仅需要以主编为中心的课题组全力配合、通力合作，也需要皮书编辑在各个环节发挥主观能动性，助力皮书品牌的塑造。

1. 策划中的规划与建议

皮书的动议，多是主编在自身学科的优势、团队成员的齐备基础上，提出编写想法。此时皮书编辑的参与，可帮助主编明确该皮书选题的可行性，避开类似选题的交叉重叠内容，突出其在相关领域的优势与独创性，并提出基本的框架结构建议。

2. 启动中的指导与帮助

皮书的启动，一般是主编在基本确定课题组主要成员、初步制定皮书"靶框架"的情况下，召开的第一次编委会。这时，多数课题组成员对皮书项目、基本内涵、规范要求等知之甚少，需要皮书编辑对皮书的历史渊源、框架要求、编写体例等进行讲解，让课题组成员对即将参与的皮书项目有一个基本的认识。

接下来，课题组成员针对初步制作的"靶框架"，结合专业特长，协商讨论，确定更加合理、具有可操作性的框架结构。主编确定试写文章的基本要求，皮书编辑可提供优秀皮书文章作为范本，避免大家付出努力却走错了方向。

3. 编写中的指导与纠偏

对试写文章，一般是在第二次编委会上进行评议。试写的文章，可以完整可以部分，都基本体现了课题组主要成员的编写思路。皮书编辑要对该试写文章进行从编写思想、文章结构，到语言语境、体例规范等的具体指导，使之既突出本专业的特色，又符合皮书的基本要求。

课题组主要成员，接下来会约请具体文章的作者，照此思路进行编写。因此在此环节，如果把握不当，将失之毫厘、谬以千里，或者形成大量的不规范，给以后的编辑工作带来不必要的麻烦。

4. 统筹中的把握与决断

书稿基本成型、主编初步审定后，皮书编辑可参与书稿的初步统筹工作：关注主报告的前沿性、分析预测的合理性；判断重要数据和信息的准确性；注意分报告的实证性、编写的规范性；检查文章的原创性、内容的交叉性等，提请课题组进行更加严格的把关与修改。

5. 审读中的完善与雕琢

按照如上的参与配合，书稿进入出版环节，应该是较为成熟、合格的皮书稿件了。接下来的审读环节，皮书编辑应更加关注细节的打磨：总报告的标题与一级标题的提炼；全书重要观点的突出与论证；重要数据的查证与出处标注；数据的核算、文字的润色等等。这些将为本书的后期宣传推广，提供基础的内容保障。

6. 宣传中的策划与推广

皮书出版的价值，在于社会的广泛认可，并对相关领域的发展产生一定借鉴意义；皮书还由于其年度性、前沿性，更需要借助媒体进行及时的宣传推广。皮书编辑要积极做好作者与媒体、市场之间的沟通联系，采取发布会、专题讲座、主编专访、撰写书评、举办沙龙、参与年会等多种营销形式，争取在线上线下产生较大的社会影响力，实现社会效益、经济效益双丰收。

7. 续航中的创新与激励

皮书的编写也存在"三年之乏""七年之痒""十年之困"的瓶颈。三年之后，往往由于新鲜劲过去，找不到内心的动力；七年之后，会由于编写进入格式性程序，缺乏内心的激情；十年之后，会由于前沿主题的难挖掘，产生内心的困惑。皮书编辑作为一直与船队同在的一员，应深刻感受到航船的焦虑与不安，并始终与课题组一起，开拓思路，紧跟前沿，相互激励，共同前行，一起为航船走得更远而精心尽力护航。

事实证明，编写了 10 年以上的皮书，均达到一种奋力前行的惯性与内外界的需求，进入良性运行的航道。而这个过程，同皮书编辑与课题组之间的亲密合作是密不可分的。

8. 学科间的整合与运作

一本皮书如果是一艘航船，那相关领域的皮书就能组成一支舰队，有机会一同航行出海，必会打造更大的声势和影响力。因此，优秀的皮书编辑，应知晓每本皮书的特色，整合相关领域皮书的资源，创造出新的话题或抓住难得的机遇，打造融合的平台，助力各课题组的全方位发展，推动相关学术研究更上一层楼。

二 皮书编辑自身的更高要求

皮书编辑之于皮书有协助推进、拨准方向、激励前行的重要作用，因此皮书编辑自身的素质必须相应地提高：能课堂讲解、书房审稿，能对内汇总、对外宣传，协助顶层规划、统筹安排，才能驾驭皮书航船的良好运行。

1. 对专业领域前沿知识的把握

皮书编审严格要求专业对口，目的就是能够对专业知识的把握、对前沿领域的了解，能从总体上把控皮书的学术水平与言论尺度。这就需要皮书编辑在工作之余，更加关注本学科领域的动态发展，更加了解本学科专家学者的最新思想与理论著作，提高自己的学术素养，积累与专家学者的对话资本，力争成为真正能全面把控皮书并为作者所尊重的学者型编辑。

2. 对相关专业的发散知识的了解

当今的专业知识分化越来越细，同时知识的放射性也越来越广，皮书在组稿时围绕一个主题所收录的文章，不可避免地会涉及更加广泛的领域。因此，皮书编辑在审读一部皮书时，除了对专业知识的把控外，也需要对延伸领域知识或深或浅地了解，以避免说外行话、改外行错。这需要皮书编辑有更广的阅读范围、更宽的涉猎领域，力争成为更广意义上的全才。

3. 对不同环节的掌控与贯通

皮书航船从打造、出海到远航，历经策划、启动、准入、编写、出版、发布、营销、反馈等多个环节，涉及课题组、出版社、媒体等多个机构，在不同的环节与相关人及时沟通，皮书编辑应做到心中有数、有序推进。因此，皮书编辑需要有全面的统筹能力、通达的协调能力、强大的整合能力，这样才能将一本皮书做好、多本皮书做活，并借皮书平台打造更大的运作空间，进而提升自己的全面素质。

三 皮书编辑背靠的强大资源

皮书编辑作为皮书航母上的一员，在完成、出版皮书，整合、凝聚资源，完善、提升自我的背后，靠的是强大的资源后盾。

1. 皮书战略的顶层设计

皮书作为社会科学文献出版社的一个学术品牌，已经创立了20余年，自上而下形成了打造皮书航母的氛围。以社长为总设计师，创设了皮书研究院，创办了网站、刊物等；从每年一次的皮书年会，到每年200余场的发布会，再到"皮伞"、"皮水"等各种"皮产品"，皮书形成了一个"战略层面—学术层面—宣传层面—实物层面"的全方位、立体化的品牌形象。而这也形成了皮书编辑手中的形象牌。

2. 皮书专家论证委员会

每月一次的皮书选题论证，资深专家为新皮书的进入定好位、把好脉，让新皮书一下海就按照皮书航母打造的航向前行；在每年度皮书的审读过程中，专家论证委员会中的专家作为皮书的二、三审，又提出与时俱进的意见和建议。层层把关、步步把控，共同打造精品皮书的出版。这些形成了皮书编辑手中的学术牌。

3. 皮书营销部门的配合

为了助力皮书的宣传、推广和销售，专门设立了市场部、市场经理、馆配部、发行经理、售后销售、数字出版、皮书数据库制作与销售等多个部门和岗位，为皮书出版提供了强大的超值服务，提升了皮书的附加值，也增加了皮书编辑手中的资源牌。

四 结语

有了强大的背景资源、有了更高的自身素质、有了与皮书航船锻造的各种亲密接触，皮书编辑的能力似乎变成了无穷大。因此，当课题组有困难、想发展，想扩大规模、有新的想法时，请找皮书编辑！因为找到皮书编辑，就踏上了皮书航母！

皮书总报告写作格式

吴　丹　张艳丽*

摘　要： 皮书一般由多个（20～30个）围绕一个或多个主题而展开的研究报告组成，皮书总报告为皮书必备之要素，也是呈现皮书主要观点、体现本皮书主要价值的首要报告。一个标准的皮书总报告构成包括：标题、正文、辅文三大部分。标题包括正副标题、作者简介；正文部分包括摘要、关键词、研究方法（技术报告）、研究结论等；辅文部分包括引文、注释、参考文献等。

关键词： 皮书　总报告　皮书体例规范

社会科学文献出版社出版的《皮书手册：写作、编辑出版

---

* 吴丹，社会科学文献出版社皮书研究院执行院长；张艳丽，社会科学文献出版社皮书研究院院长助理兼成果评价中心主任。

与评价指南》给出了"皮书"的定义，该手册认为"皮书是对
中国与世界发展状况和热点问题进行年度监测，以专业的角度、
专家的视野和实证研究方法，针对某一领域或区域现状与发展态
势展开分析和预测，具备原创性、实证性、专业性、连续性、前
沿性、时效性等特点的公开出版物，由一系列权威研究报告组
成。皮书是智库报告主要形式之一，是同一主题智库报告的聚
合"。总报告是皮书中最重要的报告，是反映一本皮书主题、体
现皮书独立观点、呈现皮书研究方法的报告。总结二十多年皮书
研创、编辑、出版的经验，皮书及其总报告的写作已经形成了一
套相对标准的格式。

一 皮书总报告的内涵

皮书总报告是皮书的必备要素，也是呈现皮书主要观点、体
现皮书主要价值的首要报告。皮书总报告可以作为独立的研究成
果呈现，也可在全书各个分报告研究内容的基础上，综合提炼完
成。但后者不是对各个分报告的简单拼接，而是有独立的研究目
的、研究内容、方法和结论。

二 皮书总报告的分类

依据皮书的研究功能不同，总报告的类型也不同，可以分为
分析预测型、评估评价型、发展报告型等，见表1。

表1　皮书总报告类型

分类	特征	举例
分析预测型	主要是对上一年度本地区的经济、社会、文化、政治、国际形势等领域研究问题的总体发展形式的回顾,对发展中面临的主要问题或挑战进行总结,对本年度以及下一年度的发展态势进行预测与展望,并提出可行性思路和对策建议	《世界经济黄皮书:2015年世界经济形势分析与预测》总报告:2014~2015年世界经济形势分析与展望
评估评价型	构建模型、评价指标体系(可以包括不同级别),通过实证分析对某一领域的发展现状或问题进行分析、排名,并揭示其内在规律和特征,也可依据分析结果提出政策建议。技术报告型总报告和评估评价型总报告的区别是前者侧重实证的过程的介绍,后者侧重对实证结果的分析	《公共服务蓝皮书:中国城市基本公共服务力评价》总报告:2015年中国城市基础公共服务满意度评估与发展报告
发展报告型	侧重对某一领域或区域发展态势的回顾、现状的描述,新的进展进行总结,对存在问题进行分析并提出对策建议	《美国蓝皮书:美国研究报告(2015)》总报告:美国平衡战略的实施及新挑战

三　皮书总报告的构成

皮书总报告构成元素如表2所示。

表2　皮书总报告构成元素

三大构成部分	具体要素	状态	备注
标题部分	主标题	必备	突出总报告的研究问题
	副标题	可选	对主标题加以解释说明,进行补充与说明
	作者简介	必备	作者简介应包括姓名、工作单位、研究方向、职务职称等

三大构成部分	具体要素	状态	备注
正文部分	中英文摘要	必备	对总报告的内容所做的简明扼要的介绍
	中英文关键词	必备	对总报告核心词的提炼便于检索
	正文	必备	依据不同的总报告类型,包含的内容有所差异
辅文部分	引文	可选	—
	注释	可选	对总报告中某些内容所做的说明
	参考文献	必备	参考文献应置于总报告主体部分的最后,征引过的文献在注释中已注明,不再出现于文后参考文献中

1. 主标题

标题是研究的主题思想,必须能呈现出研究的主要问题,主标题题目要确切、鲜明、醒目,要用最准确、简洁、清晰的词句组合来概况总报告内容,尽量避免使用不常见的缩略词、字符、代号和公式等。

2. 副标题

有时为了充分表达主题或进一步说明,也可加副标题。

示例:

《城市蓝皮书:中国城市发展报告 No. 8》总报告

主标题:创新驱动中国城市全面转型

副标题:"十二五"回顾与"十三五"展望

3. 作者信息

总报告作者简介以星号"＊"题注的形式放在总报告首页下。作者的基本信息相对简略，但应包括姓名、学历、单位、职务、职称、主要研究方向等，一般在100字以内，且全书格式体例一致。总报告一般由本皮书课题组共同参与，由课题组主要负责人或主要参与者执笔完成。

示例：

《北京蓝皮书：北京经济发展报告（2014～2015）》

总报告：2014～2015年北京经济形势分析与预测

作者简介：唐勇，经济学博士，北京市社会科学院经济所助理研究员，主要研究方向为宏观经济学、经济增长理论。

4. 中英文摘要

摘要是报告内容的简要介绍，以提供皮书报告的内容梗概为目的，不加评论和补充解释，简明、确切地记述皮书报告的重要内容。基于总报告的特征，皮书总报告的摘要相比其他分报告，更要求高度概括、简洁明了。其基本要素包括研究目的、方法、结果和结论，应尽量避免采用图、表、化学结构式、非公知公用的符号和术语等。

皮书总报告的中文摘要放在研究报告的开头，一般以100字为宜，英文摘要与其他报告的摘要统一放在书后，中英文摘要内容应基本一致。

5. 中英文关键词

关键词是对研究报告的研究领域、研究主题、核心内容、思想观点、论证方法、主要结论等的提炼和概括，是皮书总报告中起关键作用、最能代表总报告内容特征的词或词组。关键词选取应遵循一定的规范和原则，应尽可能选用《汉语主题词表》等专业词表中所提供的规范词；关键词应采用名词或动名词，不能使用形容词、量词、冠词、虚词、介词、连词、代词、副词、感叹词等；一些表示时间的词，如"新时期""转型期"等，也不宜作为关键词；词义广泛的"通用词"，如"理论""模型""研究""趋势""预测""展望""对策"等应避免使用。

皮书总报告的关键词以 3～5 个为宜。关键词的排序应清晰、层层深入地反映皮书报告的主题，一般情况下，反映皮书报告的研究目的、对象、范围、方法、过程等内容的关键词在前，反映研究结果、意义、结论等内容的关键词在后。以地理空间、区域发展为主要内容的皮书报告，应将研究的对象、学科、专业或行业等方面的关键词放在前面，地理区域放在后面，并采用该区域或地名的规范行政名称。中英文关键词内容要一致。

6. 总报告撰写内容要素

按照皮书报告的功能，皮书总报告一般分为三种类型，即分析预测型、发展报告型和评估评价型。其中，分析预测型的报告，是在对某一领域或区域发展现状分析的基础上，侧重对研究对象未来发展趋势的预测；发展报告型报告侧重于对某一领域或区域发展现状的描述；评估评价型报告则是利用数据模型、评价指标体系分析某一领域的发展现状，揭示其特征的研究报告。由于功能不同，以上三种报告在撰写的内容要素上也有所区别。

（1）发展报告型 + 分析预测型总报告

总的来说，发展报告型和分析预测型的皮书较为一致，其构成元素如表3所示。

示例：

《社会蓝皮书：2015年中国社会形势分析与预测》

总报告：中国社会朝着更加注重质量提升的导向迈进——2014～2015年中国社会形势分析与预测

一　2014年经济社会发展总体形势

二　2014年中国社会发展面临的问题和挑战

三　2015年中国社会发展态势与政策建议

示例：

《河南蓝皮书：河南法治发展报告（2016）》

总报告：2015年河南法治建设状况与2016年展望

一　2015年河南法治建设的基本情况及主要特点

二　2015年河南法治建设面临的主要问题

三　2016年河南法治建设展望及对策建议

表3　发展报告型 + 分析预测型总报告构成元素

组成元素	状态	撰写形式举例
历史回顾	可选	总体形势回顾 历史发展回顾
现状分析	必备	当前形势分析 当前政策分析

组成元素	状态	撰写形式举例
未来预测	可选(分析预测型必备)	发展态势分析 预测和展望 面临问题和挑战
对策建议	可选	对策建议 战略途径

说明:"撰写形式举例"为皮书中实际撰写示例,在编撰中可参照"组成元素"中的内容进行撰写而不拘泥于"撰写形式举例"的写作方式。下同。

(2)评估评价型总报告

评估评价型总报告构成元素如表4所示。

示例:

《中国省域竞争力蓝皮书:中国省域经济综合竞争力发展报告(2014~2015)》

总报告:全国省域经济综合竞争力总体评价报告

一 全国各省、区、市经济综合竞争力发展评价

二 全国各省、区、市经济综合竞争力的区域分布

三 全国省域宏观经济竞争力评价分析

四 全国省域产业经济竞争力评价分析

五 全国省域可持续发展竞争力评价分析

六 全国省域财政金融竞争力评价分析

七 全国省域知识经济竞争力评价分析

八 全国省域发展环境竞争力评价分析

九 全国省域政府作用竞争力评价分析

十 全国省域发展水平竞争力评价分析

十一　全国省域统筹协调竞争力评价分析

十二　2013～2014 年全国省域经济综合竞争力变化的基本特征及启示

十三　提升省域经济综合竞争力的基本路径、方法和对策

表 4　评估评价型总报告构成元素

组成元素	状态	撰写形式举例
研究方法	必备	评价指标的构建;模型构建 数据来源
研究主体	必备	评价评级实证分析 模型分析
研究结论	必备	依据实证分析得出结论
对策建议	必备	对策建议

（3）特例

除以上三种类型总报告外，研究对象为国际问题类皮书的总报告因研究领域的特点，其总报告的撰写也有其特有的元素，构成元素如表 5 所示。

示例：

《美国蓝皮书：美国研究报告（2016）》

总报告：2016 年大选：美国内政外交风向标

一　2016 年大选的基本情况

二　2016 年大选的主要背景

三　2016 年美国大选的选情走向

四　选举结果的预估视角

五　2016年大选与中美关系

六　结语

示例：

《日本经济蓝皮书：日本经济与中日经贸关系研究报告（2016）》

总报告：2015～2016年日本经济与中日经贸关系：现状、问题与展望

一　2015年日本经济回顾

二　2016年日本经济展望

三　TPP对日本经济的影响

四　中日经济关系的回顾与展望

表5　国际问题型总报告构成元素

组成元素	状态	撰写形式举例
现状描述	必备	发展综述 总体状况评述 中外关系分析（可选）
问题分析	必备	存在主要问题分析
对策建议	必备	对策建议 战略途径

7. 引文

引文是引用的相关文献的词语、句子、段落。重要文献（马列著作，毛著、邓选、江选等，中央文件等）均须校核，并以最新版本为准。旧时作者的著作或者文章结集出版，可依当时的版本。一般文献，遇有表述问题时，亦须校核，不可随意改

动。如果作者引用文字有改动（尤其是引用译著文字有改动时），需要说明理由。皮书总报告引文的具体形式见《皮书手册：写作、编辑出版与评价指南》的4.2.1。

8. 注释

注释是对主报告的某些内容所做的说明。注释包括出处注和内容注。出处注是标明正文中引用资料来源的注释，内容注是对正文中相关内容进行解释、校订、补充和扩展的注释。

注释按照编排的位置不同包括几种类型：文字排在页下方的叫脚注，夹在文中被说明文字后面的叫夹注，集中起来排在章末的叫章后注，排在表格下或图形下的叫表注或图注。

皮书中标识文献征引的注释一般采用脚注的方式，在当页页下注释，采用顺序编码制。具体形式见《皮书手册：写作、编辑出版与评价指南》的4.2.2.1。

9. 参考文献

参考文献是在学术研究过程中，对某一著作或论文的整体的参考或借鉴。皮书中，征引过的文献在注释中已注明，不再出现于文后参考文献中。若有未标明的参考文献，应附于每篇报告后。具体形式见《皮书手册：写作、编辑出版与评价指南》的4.2.2.2。

10. 字数及其他

一般位于皮书正文的最前面，篇幅以1万~2万字为宜，总报告的一级标题应写在目录里。

四 皮书总报告的体例规范

1. 层次编号

总报告的层次编排顺序与其他分报告相同并且应全书统一，

层次分明。文章层次按"一（一）1.（1）①第一，首先"，顺序排列。

"1."及以上的层次要单独占行；

"（1）"可单独占行，也可不单独占行，同本书内要统一；

"（1）"以下的各层次不单占行。如层次较少，"（一）"这一层次可略过。

2. 图、表编号

皮书总报告中的表序和图序同其他分报告排序相同，按照双层序号编号。例如，在 B2（皮书的第 2 篇报告）中出现的第 3 个表格，表序中间加半字线，不可用浪纹，编号为"表 2 - 3"，表序与表名之间空 1 字格。图序同表序编号相同。具体形式见《皮书手册：写作、编辑出版与评价指南》的 4.1.9 和 4.1.10。

参考文献

谢曙光主编《皮书手册：写作、编辑出版与评价指南》，社会科学文献出版社，2015。

曹立人：《美国心理学会研究报告的格式》，《应用心理学》1994 年第 4 期。

美国心理协会：《APA 格式：国际社会科学学术写作规范手册》，席仲恩译，重庆大学出版社，2011。

2015 年版皮书媒体影响力结果分析报告

白　云[*]

摘　要： 皮书媒体影响力评价工作，是由社会科学文献出版社皮书研究院成果评价中心组织完成。媒体影响力评价指标以及评价流程经过多年不断地摸索逐渐完善。该文首先回顾了媒体影响力评价的发展历程；其次就评价指标细则、评价流程进行了详细介绍；最后分别从传统媒体影响力、新媒体影响力等各项指标重点分析了 2015 年版皮书媒体影响力评价结果以及存在的问题。

关键词： 皮书　媒体影响力

一　媒体影响力及评价指标发展历程介绍

基于传播学的二级传播理论，中视金桥媒介研究中心将媒体

---

* 白云，社会科学文献出版社皮书研究院助理研究员。

影响力分解为两个递进的层次：媒体影响力＝媒体影响受众的能力＋受众影响社会的能力。从而折射出媒体影响力作用于受众和社会的两个阶段：媒体对受众的一次传播阶段，以及受众中的意见领袖在受到媒介影响后进行的二级传播阶段。因此，媒体的一切影响力都源于传播。"媒体的受众注意力"是根据媒体类型的不同分别设立了不同的三级指标：平面媒体，广电媒体，网络媒体。这些指标实质上就是受众规模。对受众的影响力应该是媒体影响力的主要成分。

媒体影响力及其评价指标，是对皮书媒体影响力和社会关注度进行监测分析。媒体影响力从皮书的传统媒体影响力、新媒体影响力、学术期刊影响力等方面全面考察皮书的媒体影响力。社会科学文献出版社皮书研究院经过探索和实践，不断对媒体影响力评价指标体系进行优化和调整，进一步完善媒体评价流程，从而对皮书媒体报道的形式和质量进行严格把关。事实证明，媒体影响力评价指标体系的日趋完善，在皮书研创方面起到了推动作用，也让皮书课题组和编辑对皮书媒体报道情况有了更为全面、深刻的认识。

二 媒体影响力评价的意义及评价指标 介绍（以 2015 年版为例）

媒体影响力最为深刻的含义，是指媒体通过自身的行为对受众在思想和行动上所起到的直接或间接的控制能力。媒体影响力是综合各方面因素后得出的整体结论。它包括了政治、经济、文化等各方面有形、无形的表现。

社会科学文献出版社皮书研究院通过皮书媒体影响力评价，掌握皮书的舆情动态，为进一步扩大皮书影响力提供决策参考及分析依据。

媒体影响力评价指标体系包括了传统媒体影响力、新媒体影响力、学术期刊影响力三大部分。其中，"传统媒体影响力"由以下四个评价指标组成：在国际媒体、全国性一类媒体进行报道，每篇加2分；本皮书所涉领域的专业媒体或区域类皮书所涉及的地方媒体进行报道，等同于一类媒体报道，每篇加2分；在其他媒体进行报道，每篇加1分；纸媒四开版面整版或对开版面半版（以同一家媒体同日报道3篇以上或字数达到3000字为准）进行专题报道，每次另加3分。"新媒体影响力"由网页检索量（百度"新闻"检索数量，每30条得1分，不足30条按30条计算）、视频检索量（网络媒体播放发布会视频或文字，每次加2分；进行文字或视频访谈的，每次加3分；进行文字加视频访谈，每次加5分）、微博检索量（原创微博中提到皮书相关报道或内容的，每条得0.5分）三个评价指标组成。"学术期刊影响力"即皮书报告期刊发表情况，被皮书收录的研究报告，在皮书出版发布后，主要数据或主要结论（20%）又被学术期刊刊发的，每篇加5分。

三 2015年版皮书媒体影响力结果分析

1. 皮书媒体影响力评价流程介绍

召开发布会的皮书需搜集该皮书召开发布会后3个月的媒体报道情况，评价分为初评、复核两个步骤。初评是在皮书召开发布会后的半个月进行，这一时段百度新闻会有大量的媒体报道，不会造成信息沉淀现象，因此会监测到很多相关报道。复核是在皮书召开发布会后的 3 个月内进行，因为课题组的微博宣传时间较长，在召开发布会后的 3 个月之内会陆续进行相关宣传，所以，为保证皮书媒体影响力评价的客观性和公正性，皮书研究院在发布会召开之后的第 3 个月进行复核，以确保媒体得分的准确性。

未召开发布会的皮书需搜集皮书版权页时间到目前为止的所有媒体报道情况。评价分为初评、复核两个步骤。初评是在皮书出版后 1 个月内进行，复核是在皮书出版后的第 3 个月进行。

皮书媒体影响力初评结果以电子邮件形式发送给各皮书课题组，皮书课题组在接到邮件后若无反馈意见，视为认可评分结果。若对评价结果有异议，可与皮书研究院成果评价中心联系，提交电子文件或纸质文件的补充资料。复议后的结果作为最终结果再次反馈给课题组负责人。

2. 2015 年版皮书媒体影响力结果统计

（1）连续三年皮书媒体影响力结果比较

表 1　2015 年、2014 年与 2013 年皮书媒体影响力结果统计（按类别）

单位：分

类别	2015 年版平均分	2014 年版平均分	2013 年版平均分
经济	61.13	58.82	62.54
社会政法	59.50	60.36	57.59
文化传媒	43.41	62.88	49.28

续表

类别	2015 年版平均分	2014 年版平均分	2013 年版平均分
行业	49.74	41.68	42.66
地方发展	40.52	39.42	41.70
国际问题	51.72	51.33	39.21
总平均分	48.98	49.86	48.20

由表 1 可以看出，2015 年版经济类皮书平均分最高，地方发展类皮书 2015 年和 2014 年连续两年平均分最低。

经济类皮书得分高有两个原因：①发布会召开的频率高，35 种皮书，其中 29 种开了发布会；②传统媒体曝光率平均分为 34.54 分，远高于及格分（27 分），网页检索量、视频检索量等两项指标达到 2015 年版皮书媒体影响力单项指标的最高平均分，分别为 7.54 分和 4.94 分。微博检索量指标为平均分 11.81 分，基本达到及格分（12 分）（见表 2）。

地方发展类皮书得分低有三个原因：①地方发展类皮书有 129 种，其中 34 种媒体影响力得分在 10 分以下，占比 26%，且均未召开发布会；②82 种皮书媒体得分在 60 分以下，占比 64%，其中有 45 种未召开发布会；③传统媒体曝光率平均分为 28.48 分，略高于及格分（27 分），微博检索量平均分为 5.82 分，远远低于及格分（12 分），网页检索量平均分为 2.27 分，达到 2015 年版皮书媒体影响力单项指标的最低平均分。

（2）2015 年版皮书媒体影响力各项指标统计结果比较

表 2 2015 年版皮书媒体影响力各项指标平均分统计（按类别）

单位：分

类别	传统媒体曝光率	网页检索量	视频检索量	微博检索量	皮书报告期刊发表情况	媒体得分
经济	34.54	7.54	4.94	11.81	2.29	61.13
社会政法	34.08	7.47	4.13	12.24	1.58	59.50
文化传媒	27.48	3.45	1.79	8.45	2.24	43.41
行业	31.78	4.62	2.84	9.70	0.80	49.74
地方发展	28.48	2.27	2.86	5.82	1.09	40.52
国际问题	35.41	4.37	3.78	5.50	2.67	51.72

由表 2 得知，经济类、国际问题类皮书分别有两项指标达到 2015 年版皮书媒体影响力单项指标的最高平均分，文化传媒类有两项指标达到 2015 年版皮书媒体影响力单项指标的最低平均分。

国际问题类皮书单项指标得分高有如下四个原因：①国际问题类皮书有 27 种，其中 23 种召开了发布会，占比相当高。②传统媒体曝光率达到了 2015 年版皮书媒体影响力单项指标的最高平均分，比 2015 年版媒体得分平均分最高的经济类皮书的传统媒体曝光率得分还要高出 0.87 分。③在召开发布会的 23 种皮书中，有 20 种皮书传统媒体曝光率这一指标达到满分（45 分），可见课题组十分注重传统媒体、网络媒体的宣传，充分利用发布会体现了皮书的价值与作用，多渠道、多角度地展现了皮书成果。较好地把握了发布会这一提升皮书影响力的宣传手段，全方位、多层次地扩大了皮书社会影响力。④皮书报告期刊发表情况达到了 2015 年版皮书媒体影响力单项指标的最高平均分，说明课题组比较重视学术期刊影响力，有较多的文章发表在核心期刊。

文化传媒类皮书单项指标得分低有两个原因：①文化传媒类的29种皮书中，有22种视频检索量得分为0，达到了2015年版皮书媒体影响力单项指标的最低平均分，这说明课题组就文字和视频访谈类节目的重视度远远不够。②传统媒体曝光率平均分为27.48分，达到了2015年版皮书媒体影响力单项指标的最低平均分，其中有11种皮书传统媒体曝光率得分在10分以下，表明课题组对纸质媒体的宣传力度不够，这方面失分较多。

（3）连续两年皮书媒体影响力得分60分及以上分布比较

从表3可以看出，2015年版皮书媒体影响力得分在60分及以上的皮书占46%，较2014年版60分及以上皮书所占比的49%呈下降趋势。

表3　2015年、2014年皮书媒体影响力得分分布统计

单位：种，%

分值	2015年版	占比	2014年版	占比
60分及以上	143	46	136	49
60分以下	165	54	141	51

通过分析对比2015年、2014年60分及以上皮书媒体影响力单项指标得分情况（见表4），得知传统媒体曝光率、视频检索量、微博检索量、皮书报告期刊发表情况四项指标得分情况基本持平，主要差距体现在网页检索量指标，2014年60分及以上皮书网页检索量平均分比2015年皮书网页检索量平均分高出3.61分。因此，2015年60分及以上皮书媒体影响力总平均分要低于2014年60分及以上皮书媒体影响力的总平均分。

表 4　2015 年、2014 年 60 分以上皮书媒体影响力

单项指标得分分布统计

单位：分

类别	2015 年 60 分及以上平均分	2014 年 60 分及以上平均分
总平均分	75.38	77.57
传统媒体曝光率	44.85	44.87
网页检索量	7.73	11.34
视频检索量	5.76	5.04
微博检索量	14.87	14.34
皮书报告期刊发表情况	2.17	1.99

（4）2015 年版皮书已开发布会与未开发布会媒体影响力得分分析

由表 5 可知，2015 年版已召开发布会的 214 种皮书媒体影响力平均分为 65.74 分，较总平均分 48.98 分高出很多。因此，发布会依然是提升皮书媒体影响力的重要手段。

表 5　2015 年版皮书已开发布会与未开发布会的媒体影响力平均分对比

项目	品种（种）	百分比（%）	平均分（分）
出版总量	308	100	48.98
已开发布会	214	69	65.74
未开发布会	94	31	8.31

（5）2015 年版院内和院外创新工程皮书项目媒体影响力得分对比

由表 6 得知，2015 年版进入院内创新工程皮书媒体影响力平均值为 73.79 分，远远高于院外创新工程皮书媒体影响力平均值。[①]

表 6　院内和院外创新工程皮书项目媒体影响力得分

单位：种，分

项目	数量	平均分
院内	38	73.79
院外	38	55.25

（6）2015 年版皮书综合排名前 50 名媒体影响力得分统计

由表 7 得知，2015 年版皮书综合排名前 50 名媒体影响力平均值为 83.22 分，远高于总平均值 48.98 分。传统媒体曝光率等四项指标均高于及格分。展开分析，不难看出，综合排名前 50 名皮书媒体影响力平均值如此之高有以下三个原因：一是 50 种皮书全部召开了发布会；二是 50 种皮书中，有 47 种传统媒体曝光率指标达到满分（45 分），20 种网页检索量指标达到满分（15 分），31 种视频检索量指标达到满分（10 分），34 种微博检索量指标达到满分（20 分）；三是 85 分以上的皮书达到 27 种。综上所述，课题组充分意识到了皮书宣传的重要性和紧迫性，能够很好地利用纸质媒体和新媒体，进一步扩大了皮书的社会影响力。

[①] 院内创新工程皮书项目是指进入中国社会科学院哲学社会科学创新工程学术出版资助项目的皮书，院外创新工程皮书项目是指使用"中国社会科学院创新工程学术出版项目"标识的皮书。

表 7　综合排名前 50 名媒体影响力得分统计

单位：分

传统媒体 曝光率	网页检索量	视频检索量	微博检索量	皮书报告期刊 发表情况	媒体得分
44.22	10.08	7.78	16.94	4.20	83.22

四　2015 年版皮书媒体影响力结果存在问题分析

1. 未召开发布会的皮书媒体影响力得分均较低

从目前的统计数据看，2015 年评价的 308 种皮书，共计 214 种召开了发布会，占比 70%。其中，媒体影响力得分低于 10 分的 75 种皮书，均未召开发布会（见表 8）。

由表 8 可知，文化传媒类、地方发展类皮书未召开发布会的数量最多，分别占比 31% 和 26%。建议统一加强皮书发布会管理，地方类皮书课题组积极组织召开发布会。

表 8　2015 年版皮书媒体影响力得分低于 10 分的皮书（按类别）

单位：种，%

类别	数量	占比
地方发展	34	26
国际问题	4	15
行业	13	26
经济	7	20
社会政法	8	21
文化传媒	9	31

2. 出版时间滞后影响媒体影响力评价结果

2015 年版皮书评价的截至时间是 2016 年 1 月，而在 2015 年 12 月和 2016 年 1 月出版的皮书为 50 种，对于跨年出版尤其是出版时间与评价时间接近的皮书，皮书研究院不能及时的监测到相关报道，媒体得分相对较低。建议皮书在当年出版，并固定出版时间，以保证每种皮书得到更好的宣传。

3. 加强新媒体宣传

从 2015 年版皮书媒体影响力各项指标的统计结果看（见表 9），网页检索量指标得分较其他指标偏低，建议皮书课题组、媒体以及市场部加大皮书的宣传力度，扩大皮书在百度网页的影响力。视频和微博指标虽然较上年有所上升，整体得分仍不理想，建议各皮书课题组可针对皮书内容、制作的主编访谈等视频，增强皮书的社会影响力，同时加强原创微博的宣传。有个问题值得引起关注，课题组的微博宣传时间较长，在召开发布会后的 3 个月至半年之间还有相关宣传，超过了皮书复核时间（第 3 个月），从而影响整体得分。这是普遍存在的问题，建议课题组仿照热点皮书的传统媒体报道，在发布会 1～2 周内多发微博，占据主动，争取宣传的宝贵时间。

表 9　2015 年、2014 年皮书媒体影响力单项指标平均分统计

单位：分

类别	2015 年平均分	2014 年平均分
总平均分	48.98	49.86
传统媒体曝光率	31.06	31.16
网页检索量	4.24	6.42

续表

类别	2015 年平均分	2014 年平均分
视频检索量	3.23	2.88
微博检索量	8.21	8.01
皮书报告期刊发表情况	1.48	1.41

4. 学术期刊影响力的发表周期问题

由于学术期刊影响力有发表周期，并且高质量的文章审稿周期一般较长（半年左右），因此一些出版时间较晚的皮书在皮书报告期刊发表情况这一指标的得分会受影响。建议课题组在当年尽早出版皮书。

表 10　2015 年版皮书学术期刊影响力发表情况

篇数（篇）	数量（种）	占比（%）
≥2	38	73
1	14	27

5. 首次出版皮书应注意的问题

首次负责编纂蓝皮书的课题组，出版后应注意宣传工作的重要性和有关媒体影响力相关材料的收集。建议皮书项目负责人提醒课题组多关注皮书出版后的宣传工作以及相关信息的收集。

参考文献

蔡继辉、张静鸥：《皮书 2012：价值与评价》，《中国图书评论》

2013 年第 2 期。

社会科学文献出版社皮书研究院编《皮书手册：研创、编辑、出版、评价》（2015 版）（内部操作手册）。

郑丽勇、郑丹妮、赵纯：《媒介影响力评价指标体系研究》，《新闻大学》2010 年第 1 期。

何春晖、毛佳瑜：《媒体影响力的量化指标》，《新闻实践》2006 年第 10 期。

2015年版皮书内容重复率分析报告

王　芳[*]

摘　要： 学术规范问题，是引起学术界经常讨论的话题，也是引起社会关注的热点问题。皮书作为智库类成果研究，原创性是其最重要的品质之一。皮书内容重复率过高，会影响皮书的质量和社会影响力。本文通过对2015年版皮书内容重复率进行实证分析，归纳了目前皮书内容重复率存在的问题，为皮书课题组研创提供一定的信息与借鉴。

关键词： 皮书　内容重复率　皮书评价

近年来，各种学术腐败、学术不端现象日益加剧，不仅严重影响我国学术界的研究风气，导致学术公信力下降，也影响到我国科学教育事业的健康与可持续发展，造成大量社会资源的浪

---

* 王芳，社会科学文献出版社皮书研究院助理研究员。

费。这些问题已引起众多学者的关注和探讨。

皮书作为应用对策性研究成果（智库产品），已成为社会科学工作者实现服务的有效方式之一，成为社会科学工作者的话语工具和引导社会舆论的平台，成为国际国内社会各界快速、便捷地了解所关注对象的最佳窗口。

原创和首发是体现皮书质量的重要特征。目前，部分皮书内容重复率过高，影响了皮书的整体质量和社会影响力。为进一步提升皮书的内容质量，社会科学文献出版社严格控制皮书的内容重复率，分别进行印前、印后检测。其中，印后检测结果作为皮书评价指标体系中的评分依据。

一 皮书内容重复率的内涵

皮书内容重复率是指皮书正文中引用已公开发表的政府公文、媒体报道、他人论文、著作，及作者本人已发表的字数占该报告总字数的百分比。皮书内容重复率是考量皮书创新程度的重要指标之一。

二 检测范围

皮书出版后媒体或他人引用皮书的内容，不计为内容重复率内容，进行检测时已去掉（例如：某皮书出书时间为 2015 年 9 月 10 日，则 2015 年 9 月 11 日之后在其他媒体或期刊发表的不算重复）；

每 10 篇报告（不足 10 篇以 10 篇计）允许 1 篇特例；

领导专题文章或领导讲话如放在目录前，可不进行内容重复率检测，但不超过 2 篇；放在正文里则计入重复率检测范围；

附录部分不进行内容重复率检测，但建议篇幅不超过全书内容的 10%；技术报告不进行内容重复率检测。

三 2015 年版皮书内容重复率扣分标准

1. 经济类、行业类、社会政法类、国际问题类、文化传媒类皮书扣分标准：

全书内容重复率 20% 以下的，不扣分；

全书内容重复率 20%～30% 的，扣 10 分；全书内容重复率 30% 以上的，扣 15 分；

总报告内容重复率 20%～30% 的，扣 3 分；总报告内容重复率 30% 以上的，扣 5 分；

分报告内容重复率 20%～30% 的，扣 1 分；分报告内容重复率 30% 以上的，扣 2 分。

2. 地方发展类皮书扣分标准：

全书内容重复率 25% 以下的，不扣分；

全书内容重复率 25%～35% 的，扣 10 分；全书内容重复率 35% 以上的，扣 15 分；

总报告内容重复率 25%～35% 的，扣 3 分；总报告内容重复率 35% 以上的，扣 5 分；

分报告内容重复率 25%～35% 的，扣 1 分；分报告内容重复率 35% 以上的，扣 2 分。

四 2015 年版皮书内容重复率结果分析

1. 2015 年版皮书内容重复率分类结果统计

对 2015 年参评的 308 种皮书的内容重复率进行统计，有 38 种皮书的内容重复率指标被扣分，其中 6 种皮书此项扣了 15 分，具体见表 1。从表 1 可以看出，经济类皮书的重复率占比较高，地方发展类皮书的重复率占比较低。在 308 种皮书中，经济类的参评数量为 36 种，内容重复率扣分的品种是 11 种，有 30.56% 的皮书内容重复率指标有扣分，扣分超过 15 分的有 3 种，占全部经济类的 8.33%。

表 1 2015 年版皮书内容重复率分类结果统计

单位：种，%

分类	参评数量	内容重复率指标有扣分皮书品种数	占比	内容重复率指标扣 15 分的皮书品种数	占比
经济	36	11	30.56	3	8.33
社会政法	38	10	26.32	3	7.89
文化传媒	29	4	13.79	0	0.00
行业	51	5	9.80	0	0.00
地方发展	127	6	4.72	0	0.00
国际问题	27	2	7.41	0	0.00
全部种类	308	38	12.34	6	1.95

对扣 15 分的皮书内容进行分析，从表 2 可以看出，6 种书扣 15 分。主要扣分原因是皮书出版发布之前在其他期刊上刊发了部分报告内容。

表 2　2014 年版内容重复率不合格皮书扣分原因分析

单位：种

问题分类	皮书数量
历年的一些相同的表述	2
皮书出版发布之前在其他期刊上刊发部分报告内容	3
引用网页以及发表的论文等内容	1

说明：在皮书综合评价指标体系中内容重复率扣分共计 -15 分。

2. 2014 年版与 2015 年版皮书内容重复率分类结果对比

从表 3 可以看出，2015 年版皮书内容重复率指标有扣分皮书数量以及内容重复率指标全扣的皮书种数较 2014 年除了社会政法类外，其余的均有所下降。其中，经济类的占比从 2014 年的 52.63% 下降到 2015 年的 30.56%，行业类的占比从 2014 年的 33.33% 下降到 2015 年的 9.80%，占比下降幅度超过了 20%。

表 3　2014 年版与 2015 年版皮书内容重复率按分类结果对比

分类	内容重复率指标有扣分皮书种数		占比（%）		内容重复率指标全扣的皮书种数		占比（%）	
	2015 年	2014 年	2015 年	2014 年	2015 年	2014 年	2015 年	2014 年
经济	11	20	30.56	52.63	3	7	8.33	18.42
社会政法	10	9	26.32	21.43	3	2	7.89	4.76
文化传媒	4	5	13.79	25.00	0	0	0	0
行业	5	16	9.80	33.33	0	3	0	6.25
地方发展	6	12	4.65	11.65	0	0	0	0
国际问题	2	6	7.41	23.08	0	2	0	7.69
全部种类	38	68	12.26	24.55	6	14	1.94	5.05

3. 内容评价得分前 50 位和后 50 位的皮书内容重复扣分率平均值分析

从表 4 可以看出，内容评价前 50 名和后 50 名内容重复率的扣分平均值，相差较大。可见，内容质量评价原始得分高的皮书，其内容重复率相应较低。内容质量和重复率有很大的相关性，降低重复率对提升皮书价值有很重要的作用。

表 4　内容评价得分前 50 位和后 50 位的皮书内容重复率扣分平均值

项目	内容评价得分前 50 名的皮书	内容评价得分后 50 名的皮书
平均值	− 0.08	− 2.24

4. 印前检测和印后检测内容重复率平均值统计

印前检测是编辑拿到文章之后，对文章进行的学术不端检测，印后检测是印刷之后对文章进行学术不端检测。本文对皮书印前、印后进行对比，由表 5 可以看出，印后检测内容重复率的平均值比印前检测内容重复率低 1%，相差不大。

表 5　印前检测和印后检测内容重复率平均值统计

印前检测内容重复率平均值	印后检测内容重复率平均值
11%	10%

5. 2013 ~ 2015 年扣 15 分的皮书内容重复率数量统计

由表 6 可以看出，三年来扣 15 分的皮书品种大幅度减少。从 2013 年的 15.6% 降到了 2015 年的 2.25%。各课题组严格遵守皮书规范，在出版社和课题组的共同努力下，皮书研创质量有了大幅度的提高。

表 6　2013～2015 年内容重复率扣 15 分的皮书数量统计

年份	参评数量(种)	扣 15 分以上 数量(种)	百分比(%)
2013	249	39	15.66
2014	277	15	5.42
2015	308	7	2.27

6. 研创单位分析

2015 年, 内容重复率扣分的皮书共 38 种, 其中, 研创单位中, 高校的皮书内容重复率指标控制得最好, 占 2%。

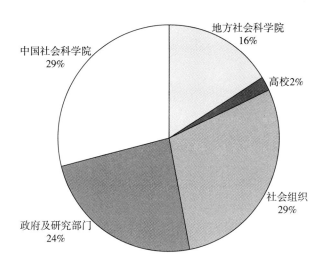

图 1　2015 年内容重复率扣分 (38 种) 的研创单位占比

7. 结论

作为专业学术出版社, 社会科学文献出版社已经建立了相对系统的管理体系和评价体系, 自 2013 年起, 社会科学文献出版社皮书研究院对现有的评价指标体系进行了更加科学的调整, 进一步完善评价流程, 实现皮书内容重复率印后检测日常化, 加强学术内容的自律，从而推动我国学术出版以及人文社会科学学术的不断发展与创新。

参考文献

蔡继辉、张静鸥：《皮书2012：价值与评价》，《中国图书评论》2013年第2期。

社会科学文献出版社皮书研究院编《皮书手册：研创、编辑、出版、评价》（2015版）（内部操作手册）。

陈学飞：《谈学术规范及其必要性》，《中国高等教育》（半月刊）2003年第11期。

品牌战略与数字化篇

浅议皮书品牌的成功之道

曹义恒[*]

摘　要： 从 1998 年的 5 个品种到 2015 年的 342 个品种，社会科学文献出版社皮书规模的扩张速度非常之快。本文从皮书的特性与功效、制度保障、内外部环境等方面对皮书成功的经验与秘诀进行了解析，并对皮书进一步发展需要注意的事项进行了探讨。

关键词： 皮书　出版形态　皮书年会

据不完全统计，截至 2015 年 12 月底，社会科学文献出版社已出版皮书超过 1900 种。从规模和效益来看，皮书已经成为社会科学文献出版社的拳头产品。经过近 20 年的积累，皮书的知

---

* 曹义恒，社会科学文献出版社社会政法分社总编辑，副编审。

名度从出版界跨越到学术界，从学术领域跨越到传媒领域，从专业话语跨越到大众话语。可以说，皮书之于社会科学文献出版社，就像汉译世界学术名著丛书之于商务印书馆、中华经典普及文库之于中华书局、外语工具书之于外语教学与研究出版社一样，是具有标志性的品牌产品。

一 皮书，从星星之火到燎原之势

从历年出版种数来看，社会科学文献出版社每年出版的皮书种数都在增加：1998 年 5 种，1999 年 7 种，2000 年 11 种，2001 年 15 种，2002 年 21 种，2003 年 23 种，2004 年 29 种，2005 年 36 种，2006 年 71 种，2007 年 80 种，2008 年 92 种，2009 年 115 种，2010 年 139 种[①]，2011 年 185 种，2012 年 225 种[②]，2013 年 254 种，2014 年 295 种，2015 年 342 种。近 20 年来，以年均近 30% 的增速保持出版种数的稳步增长。

从社会影响力来看，2011 年，皮书被列入中国社会科学院创新工程，并被纳入国家"十二五"图书出版规划。作为应用型智库成果，经济蓝皮书、社会蓝皮书等多种皮书的研究结论和政策建议受到中央领导的批示，每年"两会"期间，社会科学文献出版社出版的皮书都会入选由北京市新华书店编制的面向全国"两会"代表和委员的推荐书目，受到与会代表和委员的极大欢迎。

---

① 谢曙光主编《皮书研究：理论与实践》，社会科学文献出版社，2011，第 90 页。
② 谢曙光主编《皮书研创与智库建设》，社会科学文献出版社，2014，第 124 页。

经过近 20 年的发展，皮书已成为社会科学文献出版社的核心品牌，并上升为中国社会科学院的重要品牌、中国社会科学成果发布的知名平台，成为智库建设的主要落脚点，成为哲学社会科学工作者的话语工具，成为世界了解当代中国的重要窗口。

二　皮书成功的秘诀

社会科学文献出版社是直属于中国社会科学院的学术出版社，其自主研发的皮书没有特殊的政治资源，没有行业保护政策，没有垄断的发行渠道，却为何能从少到多，连续出版并畅销十多年？本文主要从皮书的特性与功效、制度保障、内外部环境等方面来解析皮书的成功之道。

1. 皮书的特性与功效

（1）皮书的资讯性、权威性契合大数据时代人们对信息筛选和权威解读的巨大需求

当前，中国社会正处在转型关键时期，各种社会问题与矛盾凸显，海量信息充斥着包括互联网在内的各种媒体。无论是决策者、研究者还是普通大众，对科学、权威、客观的知识和信息的需求都日益增长。而皮书最大的特点，就是紧跟时代脉搏，关注现实，关注民生，而且在理论上有所创新，对各类社会热点问题做出分析与预测，以其权威性、科学性、前沿性和现实性满足社会各界对海量信息筛选和事件权威解读的巨大需求。这是皮书得以成功的基础。

社会科学文献出版社出版的皮书最早是由中国社会科学院的专家和学者研创的。作为中国哲学社会科学研究的最高学术机构

和综合研究中心，长期以来，中国社会科学院被视为马克思主义的坚强阵地、党中央国务院重要的思想库和智囊团、中国哲学社会科学研究的最高殿堂。这样的机构主编或撰写的皮书，其权威性当然毋庸置疑。社会科学文献出版社巧妙地将皮书与人们对中国社会科学院的已有认知相关联，使得社会科学文献出版社的皮书品牌与中国社会科学院的智库报告画上了等号。① 每年，社会科学文献出版社与皮书研创单位都会在中国社会科学院学术报告厅召开数场皮书发布会，借助于媒体宣传与报道，进一步强化了社会各界对上述关联的认知。

（2）皮书不仅具有史料性，而且具有咨政性，可以起到投资指南和政策先声的功效

在皮书诞生初期，不少人对这种既像年鉴又不像年鉴的新出版形态提出质疑，然而，人们很快发现，皮书不仅具有年鉴的史料、资料价值，对保存资料、传承文化具有基础性作用，而且不乏学术图书的原创性、实证性、实效性。从长远来看，随着时间的推移与积淀，皮书的史料价值、资料价值、文献价值将形成集聚和放大作用。

皮书具有政策先声的作用。当政府有关部门准备出台某项政策时，可以通过皮书的方式来试探一下社会大众的反应；同时也可以通过皮书出版有关内容，形成一种有利的舆论氛围和态势。一个比较典型的例子是《中国省会经济圈蓝皮书》的出版与传播。2007 年，安徽省社会科学院、合肥市政协联合编撰了《合肥经济圈经济社会发展报告》，以蓝皮书的形式，在党的十七大

---

① 谢曙光主编《皮书研创与智库建设》，社会科学文献出版社，2014，第 134～136 页。

之前通过合肥驻京办给安徽参加十七大的代表每人赠送一本。合肥经济圈概念随之被广泛扩散开来，并最终为高层所接受。

作为最新行业资讯的载体，皮书不同于年鉴和志书类产品，不是把从各个方面收集来的现成资料和数据进行简单罗列，而是运用科学、实证的方法梳理和筛选已有资料，更重要的是，它以课题组通过调查研究得到的第一手资料作为分析的基础，提供给读者一种具有原创性的真实信息，具有思想性；不仅对国内外宏观环境、政府政策导向进行权威解析，还对市场发展趋势等问题进行科学预测，为商业机构、咨询公司提供有价值的基础数据和资料，堪称业内的投资指南。

2. 制度保障

（1）出版社掌门人从顶层设计到具体实施均倾情推动

作为社会科学文献出版社的掌门人，谢寿光社长不遗余力地对皮书品牌的宣传、推广与维护等工作进行规划和指导。无论是在顶层设计层面，还是在具体实施层面，处处都体现了他的理念。

从顶层设计层面来看，在谢寿光社长的主导下，社会科学文献出版社采取了一系列发展与维护皮书品牌的举措：2002年11月，组建皮书事业部（后来进一步更名为皮书出版中心、皮书出版分社），专门负责皮书的编辑与出版工作；2005年12月，开通中国皮书网，在皮书课题组、出版社与读者之间搭建了一个信息共享与交流的网络平台；专岗设置皮书市场经理，负责皮书的宣传与推广工作；2009年1月，成立皮书评价研究中心（2014年升级为皮书研究院），开展皮书品牌的日常评价与研究工作；2010年9月，成立皮书学术委员会，从选题立项、评价、评奖等方面为皮书把脉导航；不断完善皮书的准入标准和技术规范，2011 年 3 月，颁布并实施《皮书主编工作条例》和《皮书编辑出版工作条例》，成为皮书研创、编辑出版的重要操作规范之一，为皮书内容质量的提高发挥了积极推动作用；建立皮书准入制度，从选题价值、研发团队实力等方面严格把关；等等。

在皮书推广与发行层面，谢寿光社长身先士卒，多次在全国各大书店、高校、科研机构调研、演讲，在许多不同的场合对皮书进行广泛而深入的宣传。例如，2006 年，谢寿光社长到安徽做学术报告，推动安徽的皮书项目取得突破。此前，安徽省内一种皮书都没有。2006～2013 年这 8 年间，安徽皮书系列出版了 8 种，为安徽探索区域经济社会发展新模式做出了重要贡献。①

（2）皮书与皮书年会相得益彰，相互促进

为了保障皮书的内容品质，提升皮书的品牌影响力，社会科学文献出版社采取了多种策略和方式巩固皮书品牌优势，在上文所述各种举措之外，每年都召开全国性的皮书年会。从 2000～2015 年，皮书年会已成功举办 16 届，成为皮书研创机构和出版社之间交流切磋、联络感情的重要平台。2011 年 8 月，原本一直由社会科学文献出版社主办的皮书年会，上升为由中国社会科学院主办。当年的 2 月 19 日，中国社会科学院主办的全国皮书研讨会在北京京西宾馆召开，此次会议规格高、人员多、覆盖广、影响大。

---

① 谢曙光主编《皮书研创与智库建设》，社会科学文献出版社，2014，第 99 页。

3. 内外部环境

（1）借助媒体力量扩大皮书影响，促进智库成果的传播

社会科学文献出版社一直都鼓励皮书课题组召开皮书发布会，自身也投入大量人力物力用于媒体发布。可以说，与媒体合作是社会科学文献出版社在皮书推广中的一个创新，也是出版社能够成功地塑造皮书品牌的重要一环。

在长年、多次、持续的皮书发布活动中，社会科学文献出版社与人民日报社、新华社、中央电视台、光明日报社、中国网、中国青年报社等国内主流媒体建立了良好的合作关系，几乎可以达到"振臂一呼，应者云集"的响应速度与广度。

除上述主流媒体宣传之外，社会科学文献出版社还广泛探索会议宣传（新书发布会、学术研讨会、会议售书）、学术刊物广告（比如《新华文摘》《社科文摘》《农村经济》等）、宣传品（纸巾、年历、矿泉水、笔、书签、手提袋等）、户外广告（比如，皮书发展早期曾在公交车身上做广告）、卖场广告（卖场灯箱、条幅、吊旗、皮书专架等）、新媒体营销（中国皮书网、微博营销、微信营销）[①] 等多种广告发布形式。

上述各类广告为皮书品牌的形成起到了巨大的推动作用。据不完全统计，近20年来，社会科学文献出版社为皮书的宣传推广所支出的费用达上千万元。

（2）皮书是出版社与研创机构实现持续共赢的平台

2015年8月，在贵阳召开的第十五次全国皮书年会上，新媒体蓝皮书主编、中国社会科学院新闻与传播研究所所长唐绪军

---

① 谢曙光主编《皮书研究：理论与实践》，社会科学文献出版社，2011，第89~94页。

谑称，皮书研创者其实是在"为老谢挣钱，为自己挣名"。这虽然是一句玩笑话，却在一定程度上道出了皮书发展壮大的真谛。回顾皮书的发展历程，我们不难发现，在合作编辑出版皮书的过程中，皮书出版机构与皮书研创机构是双赢的，这是皮书近20年持续不衰且日益发展壮大的秘密所在。

作为中国出版界著名出版人，社会科学文献出版社社长谢寿光在强调皮书的社会效益之余，从来就不侈谈皮书的经济效益问题。富有远见和商业意识的他，开创了皮书这个崭新的图书出版形态，打造了一个与各皮书研创机构实现共赢的平台，这使得社会科学文献出版社有了稳定的利润，而且成为蔚为壮观的智库发源地与输出地。

对于皮书研创机构来说，皮书不仅是哲学社会科学成果发布的重要载体，还搭建了一个人才培养的平台，并培养了一大批青年学者。比如，2010年版的《法治蓝皮书》中影响较大的是关于政府网站建设的报告，发布1个月，网上点击量达100万余次，对我国实体法治进程产生了巨大效应，这篇文章的作者就是一位年轻学者。

对于皮书研创机构来说，皮书还是学科建设的重要平台。比如，《妇女发展蓝皮书》对妇女发展和性别平等相关行动经验进行了总结、提炼和知识化，使之成为学科知识的重要组成部分，且部分知识点已经进入教学领域，成为课堂教学的内容，被传播给学生。过去，有关妇女发展和性别平等的知识处于边缘地位，如今，它已经在总体知识体系中占据了重要地位。[1]

---

① 谢曙光主编《皮书研创与智库建设》，社会科学文献出版社，2014，第111～112页。

三　皮书进一步发展需要注意的几个事项

1. 在程式化的书名中体现重点与特色

从外观上看，大多数皮书只是在出版年份上有所区分，主书名并没有变化，这时候，给每年的皮书取一个醒目、闪亮的副标题，用核心议题来点亮整本书的题眼，便成为皮书主编和责任编辑需要费心思量的事情。在这个方面，世界银行发布的《世界发展报告》和联合国开发计划署发布的《人类发展报告》堪称典范，可资借鉴。

2. 注意选择皮书最佳出版时间，最好能与相关论坛绑定发布

皮书必须选择最佳的出版时机。从社会科学文献出版社的经验来看，皮书最佳出版时机在全国"两会"前后，行业类皮书最好能与相关行业的年会、论坛等相结合。在这一点上，《全球竞争力报告》和《世界竞争力年报》的案例颇能说明问题。二者都是全球竞争力方面的研究报告，均由权威机构研创，但后者没有前者的影响力大，在很大程度上缘于前者与世界经济论坛绑定发布。世界经济论坛被誉为"非官方的国际经济最高级会谈"。这一论坛对于扩大《全球竞争力报告》的影响起到了至关重要的作用。[①]

3. 严格执行皮书准入制度，规范皮书研创主体

皮书研创主体的相对混乱容易导致同一行业或领域出现多本皮书的现象，影响皮书的可信性与权威性。例如，2003 年中国

① 谢曙光主编《皮书研究：理论与实践》，社会科学文献出版社，2011，第 62～71 页。

物流界就曾经出现过有关"中国物流发展报告"的红皮书和蓝皮书两本皮书，在学界引发了很大的争议。[①]

仔细梳理社会科学文献出版社的皮书书目，不难发现，随着越来越多的机构加入皮书研创的行列中来，上述类似问题会越来越多。这是研创机构必须正视的问题，也是出版社必须正视的问题。

此外，皮书的二次发布、皮书典藏版开发等都是值得探讨的话题。无论是作为一种全新的出版形态，还是作为海量信息时代引导公众认知的媒体库、资料库，皮书本身发展、壮大的历程与经验都非常值得我们去梳理，其自身发展中存在的问题与缺陷也值得我们去思考。这里，本文只是抛砖引玉，希望有更多的同仁参与到这项富有时代特色的图书出版发行的研究工作中来。

---

① 吴震：《哪个"皮书"最权威》，《中国商报》2003 年 7 月 1 日。

专业学术出版社数字化转型路径思考[*]

——以社会科学文献出版社为例

周　琼[**]

摘　要："互联网＋"时代，数字技术和信息技术的跨越式发展，推动中国经济迅速转型升级，也给传统出版产业带来了深刻的变化。"互联网＋"将重塑出版业的业务价值链，涉及战略规划、业务模式设计、产品策划开发、产品线设计、品牌定位、市场营销模式等环节。在信息化和互联网环境下，专业学术出版社如何转型升级，传统出版如何融合发展，数字产品的商业模式如何突破赢利瓶颈等一系列问题依然困扰着诸多出版机构。本文以社会科学文献出版社为例，通过对其数字化实践脉络的梳理，分析其在技术运用、产品创新、战略规划、商业模式以及专业数据库建设等方面的战略思路，探索专业学术出版社数字化转型之路。

关键词：学术出版　数字出版　转型升级　融合发展

　＊　本文发表于《出版发行研究》2016年第4期。

　＊＊　周琼，社会科学文献出版社社会政法分社副社长、传媒与文化编辑室主任。

"互联网+"时代，数字技术和信息技术的跨越式发展，推动中国经济迅速转型升级，也给传统出版产业带来了深刻的变化。"互联网+"将重塑出版业的业务价值链，涉及战略规划、业务模式、产品线设计、品牌定位、市场营销等环节。在信息化和互联网环境下，传统出版企业为顺应数字出版的潮流，纷纷使出浑身解数，创新发展模式，迎接机遇和挑战，并取得了令人瞩目的成绩。然而，尽管国内诸多出版企业数字化转型思路和路径日渐清晰，但在具体的商业模式、数字产品的国际市场开拓等方面仍然没有完全成熟的可复制的经验。如何依托现有内容资源优势实现数字化转型升级，数字产品的商业模式如何突破赢利瓶颈等一系列问题依然困扰着诸多出版机构。

作为国内知名专业学术出版社，近年来，社会科学文献出版社立足专业学术出版，在做实传统出版的同时，在业内率先大力发展数字出版，以出版运营全流程信息化建设和数字出版两条主线推动数字化转型升级，加快融合出版步伐，探索出了一条从产品到产品线，再到平台的融合发展之路，成为传统出版行业信息化和数字出版转型的领跑者。其在产品创新、技术运用、数字产品商业模式以及专业数据库建设等方面的一系列大胆实践，为我国专业学术出版机构数字化转型实践提供了很好的借鉴。具体而言，主要体现在以下几方面。

一 信息化战略：以信息化引领全社发展，
全力打造智慧型出版社

2015年是"十二五"规划的攻坚之年，也是社会科学文献出版社全面布局融合发展和数字化转型的关键一年。年数字化加工能力突破 10 亿字，全面实现新书电子版与纸书同步；数字出版总收入近 2000 万元，在业内专业数据库产品占有率排名首位。4 月，"基于数字产品建设的社会科学知识组织系统"项目入选国家新闻出版广电总局新闻出版改革发展项目库。7 月，社会科学文献出版社先后入选国家新闻出版广电总局第二批"数字出版转型示范单位"、国家数字复合出版系统工程应用试点单位、专业数字内容资源知识服务模式试点单位。这一系列沉甸甸的成绩背后，既是社会科学文献出版社十多年来数字化转型探索取得的丰硕成果，也凝结着持之以恒的创新精神和不屈不挠的创业精神。

冰冻三尺，非一日之寒。数字出版在今天已成为业界共识，但在数字化发展初期，并没有引起国内大部分出版社的重视。早在 1997 年，社会科学文献出版社社长谢寿光就敏锐地预见了这一潮流，他提出，信息化建设必将成为提升出版竞争力的主要手段，以信息化建设促进出版社的发展将是出版业的必然选择。为此，社科文献出版社明确提出了以"做传统出版行业信息化与数字化转型的引领者"为己任，确立了以信息化引领全社发展的战略思路，即以信息化与数字出版组织结构建设为先导，以基础平台建设为基础，以人才队伍建设为保障，在理顺流程、完善制度建设的基础上，围绕全社大型图书出版项目和主题出版项目，以专业数据库建设为主要抓手，以提供优质学术文献资源和知识服务为核心竞争力，全力推进数字化转型升级，推动出版社从传统出版转向数字出版。

一是加强信息化建设的组织领导和规划，在组织架构、人员配置上理顺体制。信息化与数字出版工作委员会是开展信息化与数字出版工作的主要决策领导机构，主要包括信息中心、数字资源运营中心、数字产品营销中心等部门，目前有涵盖编辑、技术、销售系列的员工40余人。信息化与数字出版工作委员会按业务分为信息化小组、数字出版小组、营销推广小组和软硬件支持小组。2016年，为适应数字出版快速发展的需要，社科文献出版社将原来的数字内容开发、数据库产品运营、数据库营销等职能和团队进行了重新整合，成立了数字出版分社，建立了一支更加新型的智能化数字出版团队，全面负责数字资源运营、数字产品建设、市场营销、技术平台建设等工作。

二是加强信息化管理创新和机制创新，完善信息化工作规范和制度建设。为保障信息化工作有章可循，自2013年起，社科文献出版社先后修订并颁布了《信息管理办法》《网络安全管理办法》等，明确了信息管理的组织与分工、信息整合与统一资源平台管理、信息使用的分级和授权、信息化工作考核制度等的具体管理办法，进一步完善了信息化管理的制度建设。同时，为进一步完善社内整体信息化工作规范，2013年，社科文献出版社首次在行业内启动信息标准工程，自主研发了综合信息管理平台，着手构建企业级数据仓库。通过搭建数据仓库整合了社内多个业务系统的数据，并在此基础上建立了BI决策分析系统，向社内外人员提供智能化的书目信息定制服务、报表分析服务等，推动全社业务知识共享，提高内部信息和知识共享效率。

三是加大投入力度，全力推进"智慧型"出版社建设。信息化是数字出版工作顺利开展的必要前提，近年来，社科文献出版社先后投入几千万元，改造信息化基础设施，推进"智慧型"

出版社建设，目前已初步形成了集产品设计、内容开发、编辑标引、产品运营、技术支持、营销推广等在内的全流程体系。2014年，社科文献出版社在行业内率先提出打造"智慧型"出版社的目标，大胆尝试对传统产品形态和工作流程的再造升级。

为保障智慧出版工程的稳步推进，社科文献出版社先后启动了内部统一资源平台和外部学术服务平台的建设工作，完成了双平台核心功能的开发。一是通过统一资源平台的建设，进一步梳理和规范了全社现有业务需求，主要包括生产运营 ERP 管理系统、财务管理与控制、协同办公自动化系统、商业智能分析与决策支持系统等，为全社的战略决策、业务运营、业务创新提供了有力的支持。如财务预算全部进入信息系统，超预算支出无法开支，严控预算外支出。各项审批流程也全部在 OA 系统内完成，各环节信息透明，极大地提高了工作效率。二是变革服务模式，启动学术服务平台建设，建立在线作者服务门户。通过为作者提供 ID 主页、成果管理、数字阅读、学术书目制作、论文发表、学术社交等服务，搭建面向作者的统一学术服务平台。预计学术服务平台一期建设将于 2016 年内完工。

承载着信息化转型目标的一内一外两大平台的建设与融合，意味着信息化战略迈出实施落地的重要一步。目前，社科文献出版社已初步具备了年处理上亿条数据资源的大数据存储、处理和分析能力，形成了数据支持业务、数据支持决策的数据管理体系；基础库建设步伐加快，作者库建设取得量与质的双突破；图片库和数字档案馆等系统的上线，实现了历史档案的数字化管理。未来，社科文献出版社又提出了搭建以"社科文献出版云"为基础的综合业务平台，将全面实现内容生产业务数字化、信息化,构建统一办公协同平台,实现内部管理的无缝对接。

四是加快企业网站群建设,提高对外传播的信息化水平。目前,出版社已建成功能强大、内容丰富的网站群,包括社科文献出版社中英文网站、中国皮书网、中国集刊网、中国社工教育网、中国救护网等内容发布平台。这些网站平台不仅能及时发布产品信息和出版动态,还可以实现读者在线阅读学术文章和电子商务功能,通过利用学术分享社区、学术百科等互动平台极大地加强了客户的参与感,学者与学者、学者与读者能够实现在线互动交流,实现了客户需求与产品升级的良性循环。

二 专业战略:立足专业学术出版,潜心打造精品数据库产品线

自二次创业以来,社科文献出版社始终坚持专业学术出版,服务学术研究,并将"成为具备独特竞争力的人文社会科学内容资源运营商和海内外知名的专业学术出版机构"作为战略目标。专业化成就了社科文献出版社,也成为其在数字出版领域保持领先的核心竞争力。

自 2003 年起,社科文献出版社依托皮书系列、列国志、社科文献精品译库、全球化译丛、集刊等一大批精品学术图书资源,围绕主题出版和品牌图书资源整合数字出版,先后试水电子书、在线学习(E-learning)、数据库等不同数字产品形态,不断摸索数字出版盈利的商业模式。2014 年,以皮书数据库和列国志数据库为开端,社科文献出版社选准了以专业数据库建设为突破口,加快数据库产品建设,全力推进精品内容资源的数字化,

打造出皮书数据库、列国志数据库等知名数据库品牌。同时，在数据库建设思路和盈利模式上，朝着资源整合、跨行业合作、提供服务支持的方向发展，不仅实现了从仅仅提供产品到提供产品＋服务的转变，而且实现了内容与技术互为支撑、互相融合。

皮书数据库是社科文献出版社最为知名的数据库产品，是以其品牌图书——皮书系列为基础，整合中国发展与中国经验、世界经济与国际关系等主题资源及媒体资讯构建而成的在线数字产品。作为社科文献出版社最早推出的数据库产品，皮书数据库的发展历史浓缩了社科文献出版社数字化探索最精彩的瞬间。

2003 年，社科文献出版社首次在皮书中附赠纸质皮书光盘，数字出版的效益开始显现。2009 年，全面整合皮书系列的内容资源，皮书数据库正式上线销售，开启了数据库产品的商业运营探索。2010 年，以启动皮书数据库二期建设为开端，社科文献出版社正式进入传统出版向数字出版转型阶段。2011 年，社科文献出版社取得互联网出版许可证；同年，在"全国皮书工作研讨会"上，时任新闻出版总署副署长邬书林、时任中国社会科学院副院长李扬等领导，明确提出要在皮书数据库基础上打造"中国指标库"，进一步明确了皮书数据库的功能定位和发展方向。2014 年，新版皮书数据库及列国志数据库全面发布上线，标志着社会科学文献出版社数字出版平台建设取得阶段性成果。皮书数据库和列国志数据库均获得了软件著作权登记证书、软件产品登记证书，成为拥有自主知识产权的产品。在内容创新方面，新版皮书数据库拆分和重组了有关当代中国研究的内容资源，从基于数据关系的内容平台、基于人机关系的研究平台发展到基于人际关系的学术交流平台；在功能创新方面，打通了中图分类、行业分类、区域分类和学科分类等不同分类体系，实现了数据的非结构化标引和多维检索呈现；在集成管理方面，全方位多层次的版权保护技术为数据库平台平稳良好运行提供了保障，并实现了跨库、跨平台多角色的有效管理。

以此为契机，社科文献出版社进一步整合内外部学术出版资源及专家学者资源，相继推出了台湾大陆同乡会数据库、西南边疆历史与现状综合研究数据库、京津冀协同发展数据库、集刊数据库等一系列专业数据库产品，形成了以皮书数据库、列国志数据库、中国田野调查联民村数据库、大型历史文献资料数据库、集刊数据库、中国指数数据库为核心的六大数据库产品线，涵盖中国发展与中国经验、国际国别问题研究、古籍及近代史文献和珍稀历史档案等领域。随着一系列数据库产品的推出和商业化，社科文献出版社数据库产品建设体系日臻成熟，初步完成了从产品到产品线的打造，形成了以核心资源和重点项目为主的社科文献数据库产品群和数字出版体系，实现了传统出版与数字出版的互动互补。

三 融合发展战略：融合出版渐入佳境，
开辟数字出版新模式

在传统书业发展的今天，融合出版已经成为出版业发展大势。在政府层面，中央和国家出台了关于融合发展的指导意见，为传统出版数字化转型指明了方向。对于传统出版机构而言，谁抓住融合发展的机遇，谁就能在未来掌握制胜的法宝。2015 年 8 月，社科文献出版社及时出台了《社科文献出版社融合发展指导意见》，明确了融合发展的指导思想、目标及路径，开始全面布局融合发展和数字化转型升级：其目标是用 2～3 年的时间，通过新技术、新产品、新业态的研发和应用，实现基础技术平台的共享共通，打造 3～5 条具有品牌产品和核心竞争力的数字产品线，树立一批标杆项目、示范部门、领军人物，并通过资本运作建成 3～5 家新型下属公司和出版机构，将出版社打造成中国最具影响力的人文社会科学学术资源整合与推送平台。同时，将融合发展的重点明确为创新内容生产方式、助推平台融合、理顺流程管理、转变经营模式等。

为保障融合发展战略的顺利推进，社科文献出版社加大对融合发展项目的支持力度，并建立专项资金对融合发展项目予以重点支持，完善和落实项目资助、绩效奖励等措施。支持融合发展项目运用金融资本、社会资本，探索将传统出版和新兴出版融合发展纳入重大项目申报和支持范围。鼓励有条件的部门和项目率先发展，打造融合发展示范部门和标杆项目。

同时，实施项目带动战略。充分发挥皮书数据库、"一带一路"数据库等项目的示范带动作用，支持提升出版融合发展的质量和水平。值得一提的是，"一带一路"数据库作为社科文献出版社融合发展的典范，开创了快速建库的先河，系全国首家"一带一路"专业学术数据库，从项目启动到顺利结项发布前后不到 2 个月时间。该数据库定位为基础资料库、学术理论库、投资指南库，依托中国社会科学院"一带一路"研究系列、阿拉伯国家文化研究丛书等优质资源，全面整合国内外智库"一带一路"的研究资源，包含"一带一路"相关研究文献 1 万余篇，图片、图表 8000 余个。

在融合发展战略的推进下，社科文献出版社融合出版渐入佳境，前期推进的一些试点融合项目均顺利结项，并在业内取得了较好的影响。自 2015 年下半年开始，社科文献出版社相继与宁夏大学合作推出了阿拉伯国别研究基础库，与中国银行合作推出了文化中行项目，这些融合发展项目不仅创新了融合发展的新模式，而且起到了较好的示范带头作用。

阿拉伯国别研究基础库是由社科文献出版社与宁夏大学合作共建的国内首个中阿文化交流数据库，也是社科文献出版社探索智慧学术服务平台的大胆尝试，开启了社科文献出版社由信息资源整合商向专业知识服务商转型的新篇章。依托出版社权威的专家学者团队、强大的学科编辑力量、专业的内容资源积累和国际化的学术推广渠道，整合了包括机构自有资源、出版资源、网络资源、专题资源等多种渠道的资源，通过该数字化平台可为学术科研单位提供包括基础资料支持、学科知识服务和科研辅助等一整套学术服务，还可延伸至学术出版、成果推广等特色服务。

文化中行项目是社科文献出版社依托现有的列国志数据库，为中国银行定制出版纸质图书的反向融合案例。为方便中国银行海外机构快速了解东道国基本情况，及时开拓海外业务的需求，社科文献出版社整合列国志数据库的相关资料，定制出版了《文化中行：一带一路国别文化手册》系列图书，手册内容包括国情概述、政治环境、经济状况、双边关系四大部分，对东道国的宗教历史、民族风俗、政治风险等做了系统介绍和评估，对中国企业所在东道国同行业竞争状况、相关政策法规做了扼要介绍，从专业的角度为中国银行海外机构提供了风险提示。该项目依托中国社会科学院的学术资源，邀请外交部、商务部的专家审定，可以根据企业需要在一些特定内容上实行点单式服务，最终成果由委托企业独家享有。该项目当年实现销售收入 200 多万元，从内容研创到成果发布都开启了融合发展的新模式。

四　结语

推进传统学术出版向数字出版转型是一项极为复杂的系统工程，涉及出版单位的整体运营架构、经营思路、产业环境、技术发展、营销手段等多方面的因素，每一个环节的变化都可能影响到最终数字化转型的效果。而且由于市场环境的复杂多变又使得出版单位在数字化转型中面临多样化的选择，传统出版单位需要结合自身的特点，充分审视外部环境的变化，利用自身特有的内容资源优势，找准定位，明确提出具有可操作性的数字化转型战略目标和实施方案，充分把握数字出版发展的主动权。

从社科文献出版社的实践来看，经过十多年的探索，社科文献出版社的数字化转型已经驶入快车道，智慧型出版社建设也取得了实质性突破，为"十三五"的信息化和数字出版工作奠定了较好的基础。尽管目前还存在数字出版总体规模较小，产品体系有待进一步完善；销售渠道有待进一步拓展；数字出版收入在出版单位总收入中占比不高、投入产出比较低等问题，但社科文献出版社在探索数字出版新的营利模式、智慧出版社建设、数字产品链打造、融合发展新模式等方面的实践值得后来者借鉴。从其发展数字出版的经验来看，数字出版要实现盈利，有两个关键着力点：一是依托优质的内容资源优势，搭建学术资源整合平台，这是数字出版的基础。无论是传统出版还是数字出版，内容资源的优势并未发生改变，内容为王依然适用。社科文献出版社之所以能在转型中占得先机，很大程度上得益于其拥有深厚的内容资源和庞大的学者、专家库智库资源优势。社科文献出版社坚持选题资源的可持续性、作者团队的可持续性，重点打造皮书、集刊、期刊等连续性出版物和大型丛书、套书，开放数据库内容资源进行主题整合，为数字出版提供了源源不断的内生资源。二是定位准确，始终立足专业学术出版，走专业化发展之路，打造特色数字产品链，这是实现盈利的保证。正如社长谢寿光反复强调的"永远记住专业两个字"，不论是皮书数据库、列国志数据库等专业数据库产品链的打造，还是统一资源平台、智慧学术服务平台的搭建，社科文献出版社充分利用了其在人文社会科学专业研究领域积累的专业优势，建立了具有自身特色方向的发展模式，着力搭建智库产品整合及传播平台、学术资源共享平台，并开发与图书内容资源配套的产品，从而在复杂的市场环境中赢得了属于自己的立足空间。其"小而专""小而精"的内涵式发展思路，无疑给当前众多苦于转型无门的中小出版社提供了一个较好的范本。

未来5年，将是信息化和数字技术高速发展的时代，也是数字出版产业发展的关键时期，加快数字化转型已成为当前我国出版业的当务之急。数字出版虽因信息技术和互联网技术的兴起而长足发展，但与传统出版业同属文化产业的本质属性并未改变，"与传统出版一同承担传播优秀文化的责任与使命"。

《尚书·说命中》云："知之非艰，行之维艰"。在实践中感悟艰辛，会令人感到忧困，但也正是屡次的艰辛，向人们昭示着一个光明的未来。传统出版和新兴出版的融合发展是时代的必然，更是中国出版业腾飞的契机，审时度势、抓住机遇，出版业应有更多的担当，为我国文化产业的崛起与兴盛贡献决定性的力量。

参考文献

胡涛：《数字出版标杆是怎样炼成的》，《出版人》2015 年 11 月 17 日。

赵冰：《30 年磨砺，成就学术出版先锋》，《出版商务周报》2015 年 11 月 24 日。

《社会科学文献出版社数字出版战略规划（2015~2010）》。

《社会科学文献出版社 2016 年改革与发展方案》。

《社会科学文献出版社关于加快数字化转型升级的若干意见（征求意见稿）》。

《社会科学文献出版社 30 周年改革发展纪实》。

《社会科学文献出版社企业社会责任报告（2013~2014）》。

皮书:让智库传播好中国声音

张雯鑫*

摘　要: 当前,国家不断推进中国特色新型智库建设,但中国智库在构建中国话语权方面表现并不尽如人意。本文通过外媒对于皮书报道,展现皮书作为智库报告的集合所承载的讲好中国故事、构建国际话语权的功能,为智库在国际传播能力建设方面提供案例参考。

关键词: 皮书　智库　中国故事　话语权

2013年6月,云南财经大学印度洋地区研究中心主编的《印度洋蓝皮书:印度洋地区发展报告(2013)》作为中国第一部有关印度洋的蓝皮书发布后,很快引发了外媒尤其是印度媒体

* 张雯鑫,学术传播中心副主任兼皮书市场经理。

的关注和热议。同月,印度智库的研究员根据蓝皮书中的内容,对中国在印度洋问题上的外交战略发表了分析,甚至把蓝皮书篇章设置中出现讨论中缅关系的文章也被用来作为中国在战略上的一种衡量。之后,日本媒体也紧随印度媒体对这一问题发表了观点。

《印度洋蓝皮书》引发的关注并不是一个个例,每年300余种皮书的发布,不止国内媒体竞相报道,外国媒体也十分关注,而且不仅是传媒业发达的美英等国,中国周边的日本、俄罗斯、印度等国媒体,也希望通过皮书中智库专家的解读一窥当下中国。有些皮书课题组也希望通过这一机会对外表达中国学者的观点,在发布会上邀请外国媒体与中国媒体共同报道,扩大国际影响力。皮书作为智库报告的集合,能够受到如此的关注,这是对皮书的价值的高度肯定,也是皮书研创者肩负的重大责任。习近平总书记在"8·19"讲话中提出要"讲好中国故事,传播好中国声音",因而,如何通过皮书讲好中国故事,让中国观点在国际舞台发声亮相,更好地把一个真实、丰富、立体的中国展示给世界,是未来皮书研创者们需要思考的问题。

一 智库在为中国发声中应起到积极作用

1. 中国声音的传播困境

虽然当前,国家提出要重视构建文化软实力,提高中国国际话语权,但中国在国际话语体系中仍处于弱势地位。外部世界渴望了解一个"真实"的中国,但中国声音并没有以其期待的形式被国际社会所接受。思想总是在被接受者那里才能体现其价值，在这样的形势下，就要在如何能让信息的接收方，西方的受众们能听到、听得懂、愿意听上下足功夫，认真研究传播主体、传播对象、传播内容、传播媒体四个方面的特性，让中国思想走向世界。

（1）中国媒体尴尬国际化

当前，中国面对几大传媒业巨头垄断国际话语权的严峻形势，以 CNN、BBC 等为代表的西方主流媒体，它们传播中国声音很大程度上左右了世界上其他国家受众对于中国的认知。同时，为确保在中国的有效传播，西方媒体也是煞费苦心，积极开展针对中国受众的调查，还专门研究了对华广播的对策。

中国政府希望国内媒体能够踏出国际化的步子，加入全球竞争的浪潮，从而提升中国国家形象，提升国际话语权，并赚取利润。但中国媒体由于现行体制限制、传播方式单一等问题，目前面临一种"传而不通"的尴尬局面，传统媒体迈入国际传媒第一方阵步伐缓慢，即使是网络媒体，虽然相对于传统媒体具有更大的国际化优势，但是各大互联网公司也正在经历国际化的种种困难。

（2）传播内容不鲜活

在对美国国际话语权策略的研究中发现，其话语权策略尽量做到概念新颖、层次分明、朗朗上口，且具有针对性强、解决问题实效性强的特点。相对于美国在话语权策略上的精耕细作，徐占忱（2014）认为，中国在故事讲述方式、手段以及知识和技能不足，对当下中国每天发生着的生动鲜活的实践，还没有给出足够多的、有分量的研究成果。

2. 智库发声助力话语权建设仍待突破

智库是一个国家软实力的代表，这些年，国家不断推进中国特色新型智库建设，为智库开展活动在政治上创造了良好氛围。但是，中国智库的崛起之路依然坎坷不断，在对中国智库走向世界高涨的期待中，智库在构建中国话语权方面表现并不尽如人意。

这中间虽然存在制度性的限制，但是缺乏讲好中国故事的能力也是不争的事实。王眉（2015）认为，在过去一段时间，我们说到提升国际传播能力似乎只是媒体的事，智库作为舆论产生的重要源头，其作用没有得到应有的重视。事实上，智库声音应该成为中国声音中一股不可或缺的力量。智库不仅是国际传播背后的理论支撑和对外话语体系的基础，还能够提供丰富的舆论储备，影响大众的思考方向。

（1）构建国家形象

中国在国际上的国家形象是国家软实力的重要体现，也是国外公众对一个国家整体性和综合性的评价，包括历史传统、文化价值观念、政治社会形态、经济发展成就等。当前，"中国威胁论"及其变种仍然不绝于耳，而中国智库和媒体只能救火式地被动应对，即使中国智库在反驳西方宣扬的"中国威胁论"时，也大多是采用西方的话语、概念和逻辑体系。

王义桅（2013）提出，长期以来，新加坡被西方舆论描绘为一党专制、家族统治的典型。杜维明先生将新加坡描述为儒家资本主义，成功地改变了外国人心目中的新加坡形象，可谓是最成功的公共外交之一。因此，智库在释放影响力的同时应该注重树立中国的大国形象，这是中国智库开展公共外交的一项重大课题。

（2）解读中国模式

目前，西方对中国道路、中国模式等存在误解、偏见，其至是仇视，中国智库迫切需要利用自己的话语体系向国内外受众传达关于中国发展的真实信息。韩磊（2014）认为，一个勇于承担责任的大国，需要中国的思想家和战略家们把"中国要什么"的政策关切、价值追求清晰地表达出来。

梅松（2009）认为，30 年改革开放造就了"中国模式"，但是，我们的社会科学界对"中国模式"关注得很不够、研究得很不够、宣传得很不够，出现了集体失语。反观西方学者，其热心的程度和研究的深度令我们汗颜。我们再不发声，再"谦虚不语"，就会放弃研究的主导权，丧失话语权。

（3）助力国家外交

王莉丽（2013）指出，传统公共外交理论认为，公共外交是以政府为行动主体，但随着世界政治格局的不断变化，公共外交的行动主体已从政府拓展为以政府为主导，以智库、利益集团、媒体和普通公众等为主的多元行动主体。这些多元化的行动主体共同构成了当今活跃在世界外交舞台的"多轨"公共外交体系。而智库在其中可以推动舆论，充当政府替身，为外交穿针引线的作用，是寻求共识、弥合分歧、拉近距离的连接点，其弹性沟通可以宣泄、缓解因争端导致关系紧张的情绪。

二 皮书在为智库发声中起到显著作用

中国智库要打造具有中国特色、中国风格、中国气派的理论和话语体系，离不开对媒体和舆论的影响和利用。近年来，中国智库已经开始注重探寻如何提升自己的国际话语权。而通过智库产品的发布，将专家观点透过媒体传播出去，通过在社会上制造一些议题，引发大众的关注和讨论，是智库扩大影响力常用的做法。

皮书经过近 20 年的发展，树立了权威、前沿、原创的智库报告品牌形象，每年召开 200 余场新闻发布会，发布内容涵盖经济、社会、文化、国际等多个领域，已经成为连接学者和媒体的话语平台，既是学者发布观点的重要阵地，也是时政媒体获取新闻的重要来源。智库是皮书作者团队中的核心群体，不仅有像中国社会科学院这样的国家级高端智库，也有高校智库和民间智库等。他们撰写的每年千余篇高质量的智库报告，通过皮书的出版发布向外释放中国思想。这种影响力不仅体现在智库的新思想、新观点在国内引发大众的热议，同时也可以通过国外媒体传播到其他国家，成为认识当今中国发展形势的窗口，发挥引导国际舆论的作用。

1. 用数据描述中国发展，讲好中国故事

由中国社会科学院发布的《经济蓝皮书：中国经济形势分析与预测》和《社会蓝皮书：中国社会形势分析与预测》是每年年底皮书发布会中媒体关注的重头戏。在官方数据公布前，《经济蓝皮书》中专家对于下一年经济形势的预测特别是 GDP 增长率的预测常常会激发外媒对中国经济未来增长速度的猜想，路透社、英国《金融时报》众多国际主流媒体都结合蓝皮书的内容对中国经济进行展望。而《社会蓝皮书》每年对于中国现状扎实的调查报告更是外媒关注的热点，美国《纽约时报》就针对 2016 年《社会蓝皮书》中《北京、上海、广州社会中间阶层调查报告》中中间阶层政治参与情况的数据进行了引用。类似的情况还有，法国媒体对中国与全球化智库主编的《国际人才蓝皮书：中国国际移民报告》中关于中国移民数据的报道，及外媒对中国社会科学院财经战略研究院主编的《住房绿皮书：中国住房发展报告》中对未来中国房地产形势的报道等。

当下，一些重要数据本身已经成了社会关注的热点，是新闻事实构建价值链的重要来源。在这里，皮书中的数据成为描述中国发展，讲好中国故事的重要素材，使对中国国际形象的展现更为客观，而国家高端智库作为发布主体也使数据更具可信度和权威性，更有影响力。

2. 维护国家外交，彰显专家观点

有研究对国际社交媒体的涉华报道进行了梳理分析。研究发现，政治、外交/国际关系、社会民生、经济是国际社交媒体涉华报道的四大主题。同时，另一研究对 2015～2016 年度国际舆论场的热点事件与话题归类统计也发现，国家领导人动态、国际关系、突发事故、全球经济以及恐怖主义属于热门领域。由此我们可以看到，政治和外交问题始终是国外媒体关心的重点。

目前，在皮书系列中，国际问题类皮书约占整体的不到10%，但内容涉及亚非拉欧几个大洲，以及像美国这样多个对中国外交有重要影响的国家，备受外媒关注。这实际上就体现了皮书作为一种重要的智库产品，已经成为智库在外交上发挥重要作用的着力点。例如，加拿大《星岛日报》报道了中国社会科学院美国研究所主编的《美国蓝皮书：美国研究报告》中中国对于美国"一哥"地位的肯定，这样的观点在外国媒体发布契合了中国领导人在国际场合一再强调中国只是个发展中国家的言论，在一定程度上也是对美国和其他地区部分人将中国的崛起视为一种威胁的一种回应。

智库是国内与国际交流的一个平台，在双边和多边外交事务中发挥着重要作用，一些新思想可以通过不同国家间的"二轨"互动来测试其可行性与可接受性，特别是对那些敏感的安全问题。2013 年 5 月，云南大学主编的国内首部《印度蓝皮书：印度国情报告（2011～2012）》在李克强总理访印前的发布引起了印度媒体的关注，印度媒体认为蓝皮书经过精心起草，极力避免抱怨边界争议和达赖等问题，为总理访印期间营造积极的氛围。皮书课题组经常在国家领导人访问某国前夕或某项重大国际会议召开前发布该国的皮书报告，这种时点的选择不仅成功吸引了媒体的注意力，可以说对国家的外交活动也起到了正向的作用。特别是国际类皮书更应注重外媒的传播能力，一些课题组已经认识到了这一点，如中华日本学会、中国社会科学院日本研究所在《日本蓝皮书：日本发展报告》发布时，就邀请了《朝日新闻》《东京新闻》《NHK》等多家日本媒体进行报道。

三　结语

吴瑛（2015）认为，中国的智库专家们发出的声音能否被国外媒体报道，如何被提及，以及会不会提及其他相关智库，这些都体现出该智库的国际媒体影响力。中国智库要提高国际影响力，需要思考"中国的声音如何能进入他人的世界"，这就需要借助西方媒体，用国际社会听得懂的话来传播中国智库的声音。而皮书品牌价值所对媒体产生的吸引力，不仅起到了在学术语言与大众语言中间搭梯架桥的作用，也帮助智库成果的传播实现了从国内到国际的跨越。

然而，有实力才有影响力，要想提升智库的影响力，关键还是要在智库产品的实践性上着力，高质量的思想成果是智库在国际上赢得声誉和地位的基础和前提。当前，很多智库是由纯学者构成，缺乏政治和决策经验，不够关注重大现实问题，或对现实问题剖析的层次不够深入，这就导致研究结论与决策和实践的贴近程度不够。因此，未来提高以皮书为代表的智库报告质量为抓手，增强其理论性与实践性进而扩大其国际影响力，是智库在话语权建设方面需要特别注意的。

参考文献

詹姆斯·K. 格拉斯曼：《战斗在自由前线的美国国际广播》，《国外听众》2009 年第 3 期。

胡洁编译《美国政府责任办公室评美国国际广播》，《世界广播电视参考》2005 年第 12 期。

杨海霞：《智库应推动中国与世界对话——专访清华—卡内基全球政策中心主任韩磊驻会研究员、清华大学国际关系学系副主任陈琪》，《中国投资》2014 年第 6 期。

刘小燕：《政府对外传播中的"智库"与"第二管道"》，《国际新闻界》2008 年第 3 期。

王莉丽：《中国智库建设与公共外交拓展》，《公共外交季刊》2013 年冬季号第 3 期（总第 16 期）。

陈开敏：《中国智库国际化转型的困境与出路》，《现代国际关系》2014 年第 3 期。

贾文山：《美国国际话语权策略对打造中国全球传播战略的启示》，《实践探索》2014 年第 1 期。

吴立斌：《中国媒体的国际传播及影响力研究》，《中共中央党校》2011 年 7 月。

谢点：《跨文化敏感与中国网络媒体国际化》，《东南传播》2013 年第 5 期。

谢耘耕主编《舆情蓝皮书：中国社会舆情与危机管理报告（2015）》，社会科学文献出版社，2015。

唐绪军主编《新媒体蓝皮书：中国新媒体发展报告 No. 7（2016）》，社会科学文献出版社，2016。

王莉丽：《美国公共外交中智库的功能与角色》，《现代国际关系》2012 年第 1 期。

赵可金：《中外智库外交的五维比较》，《公共外交季刊》2014 年春季号第 4 期（总第 17 期）。

《外媒关注中国首部印度洋蓝皮书》，《法制文萃报》2013 年 7 月第 1936 期，http：//www. 183read. com/magazine/article_ 197254. html。

《印度不满中国首部印度洋发展战略蓝皮书》，http：//www. cjdby. net/redianzhuizong/2013 - 06 - 13/military - 4250. html。

周明伟：《讲好中国故事是我们的一项重大历史使命》，中国网，http：//www. china. com. cn/news/txt/2016 - 04/09/content _ 38208600. htm。

印媒解读中国首次发布的《印度蓝皮书》，四月网，http：//fm. m4. cn/2013 - 05/1207533. shtml。

《外媒观察中国第 49 周：中国经济迎下一个黄金十年》，中国新闻网，http：//www. chinanews. com/fortune/2012/12 - 10/4394314. shtml。

王眉：《智库国际传播与对外话语体系构建》，《新疆师范大学学报》（哲学社会科学版）2015 年第 36 卷第 6 期。

王义桅：《公共外交需要智库支撑》，《公共外交季刊》2013 年冬季号第 3 期（总第 16 期）。

赵鸿涛：《需鼓励中国民间智库争夺国际话语权》，《全球智库峰会》2009 年第 8 期。

《复旦大学中国发展模式研究中心成立》，http：//www. cssn. cn/gx/pdtk/gx_ tpxw/201312/t20131213_ 906964. shtml.（上网时间：2014 年 1 月 11 日）。

外媒：《调查显示中国贫富失衡但中产安于现状》，环球网，http：//finance. huanqiu. com/roll/2016 - 02/8485356. html。

外媒：《中国 23 年来超 930 万人移民海外美国是首选》，参考消息网，http：//www. cankaoxiaoxi. com/china/20150521/788593. shtml。

梅松：《中国智库期待国际话语权》，《人民论坛》2009 年第 10 期。

外媒：《中国不争"一哥"非策略性自谦》，央视网，http：//news. cntv. cn/20110710/109593. shtml。

吴瑛：《从大数据看中国智库的国际话语权》，《社会》2015 年第 6 期。

吕正韬、赵书文：《提升中国智库的国际影响力和话语权》，《对外传播》2014 年第 5 期。

徐占忱：《讲好中国故事的现实困难与破解之策》，《社会主义研究》2014 年第 3 期。

皮书数据库：立体化的智库平台

高蝴蝶　刘　姝[*]

摘　要："智库"是一个国家软实力的核心支撑。中国智库数量虽多，但整体影响力较弱，智库成果转化率低，缺乏成果展示与推介平台是其中重要原因之一。皮书数据库利用不断进步的信息化和数字出版技术，为国家智库打造了基于大数据的立体支撑平台。目前，皮书数据库已实现了集智库成果整合与共享平台、智库成果展示与发布平台、专家聚合与交流平台、国家前沿战略和社会热点深度分析平台、中国指数研究与发布平台及学术科研全流程服务平台于一体，成为能为智库研究提供全方位信息保障与多元服务的立体化智库平台，力争促进智库发展，加速智库成果转化，提升智库影响力。

＊　高蝴蝶，社会科学文献出版社数字出版分社副社长兼数字智库中心主任；刘姝，社会科学文献出版社数字出版分社编辑。

关键词： 皮书数据库　智库平台　中国指数　学术科研

"智库"是一个国家软实力的核心支撑。在经济社会问题日益复杂的今天，智库对国家战略制定以及政府决策的支撑作用更加突出。近年来，推动中国特色智库建设已成为我国的重要战略，习近平总书记多次强调，要将中国特色新型智库建设作为一项重大而紧迫的任务切实抓好。

中国智库数量虽多，但整体影响力较弱，智库成果转化为政府决策的比例低，尤其是在国际舞台上，中国智库的影响力和话语权还有极大的提升空间。造成这种状况的原因是多方面的，缺乏成果展示与推介平台是其中重要原因之一。成果展示与推介平台是发挥智库影响力的重要方式，最佳使用网络平台、最佳使用多媒体技术、最佳公众参与对外公关已成为国际上评价智库的重要方面。我国智库成果展示与推介平台的缺失，造成我国多数智库研究成果无法顺利、及时地输送到决策者手中，对媒体、公众的吸引力及对社会舆论的影响力不够，致使智库研究成果转化率不高。尤其是信息流动与社会环境变化快速而复杂的今天，对智库研究的时效性、前瞻性、创新性都提出了更高要求，智库提供的信息支持范围、质量、内容、方式都亟须提高。

作为数字出版界最早试水数据库建设、引领业界发展前沿的知名品牌，皮书数据库利用不断进步的信息化和数字出版手段，力争为国家智库打造基于大数据的立体支撑平台。目前，皮书数据库已实现了集智库成果整合与共享平台、智库成果展

示与发布平台、专家聚合与交流平台、国家前沿战略和社会热
点深度分析平台、中国指数研究与发布平台及学术科研全流程
服务平台于一体，成为能为智库研究提供全方位信息保障与多
元服务的立体化平台，力争促进智库发展，加速智库成果转化，
提升智库影响力。

一　智库成果整合与共享平台

智库成果整合与共享是改善我国智库"小、弱、散"现状
的重要措施。皮书数据库以收集、整理、保存、提供利用信息为
目的，依托皮书内容资源，全面整合社内外相关智库成果与一手
调研资料，开发建设内容资源数字化管理平台、数据库产品运营
服务平台，实现智库成果的全面整合，积极发挥其研究基础库的
作用。为全面搜集整合相关优质零散资源，皮书数据库正筹划建
设数据库投稿系统，这无疑会使智库资源整合吸纳更加便捷，范
围更加广泛，但后续的内容审读机制和付费机制有待进一步研究
和尝试。

皮书数据库积极推进智库成果整合，截至目前，共收录中
国改革开放至今近 40 年间经济、社会、区域、行业、文化传
媒、国际六大领域发展报告 15 万余篇，总字数超过 23 亿字，
并以每年 2.5 亿字的内容进行资源更新。其内容覆盖 80 余个
国家、30 个国际区域及国际组织，中国 28 个省级行政区、20
个区域经济体、200 个地级及以上行政区，覆盖 100 多个行
业、179 个二级学科。其用户遍布全国 20 多个省份，国内机构
用户超过 1000 家，以高校智库为主，也不乏党校、其他科研

机构等半官方智库、官方智库及民间智库。海外机构用户超过百家，以高校智库为主，也有如外交关系委员会、美国国会图书馆及联邦图书情报网等相关智库。内容覆盖广度造就用户覆盖广度，皮书数据库无疑是社科学术界智库成果整合与共享的重要平台。

二 智库成果展示与发布平台

智库的价值与生命力在于其影响力，而智库扩大其影响力的关键则是研究成果的宣传推广。① 皮书数据库根据自主研发的知识分类规则与知识组织体系，对以图书为基本单位的智库报告进行了拆分，从图书、报告、图表、视频、资讯、百科等多维度展示智库研究成果，实现了内容资源的多重应用；支持跨平台、多终端便捷阅读，如 PDF、HTML 等格式文件的在线阅读和下载阅读，通过 APP、WAP 实现移动阅读，满足了数字时代不同读者的不同需求。

社会科学文献出版社多年来一直重视品牌建设，皮书系列在业界已形成了很大的品牌效应和影响力，媒体关注度极高，与媒体互动及时。除与新闻媒体保持良好关系外，还积极利用自身优势进行智库成果的宣传推广。皮书发布会当天，其电子版在皮书数据库同步上线，发布会也在皮书数据库进行图文直播和视频直播，实现了线上线下同步推广；并利用微信、微博等新媒体及时推送热点分析、报告精读等内容以加强与各界受众的联系、增强

---

① 上海社会科学院智库研究中心：《2013 年全球智库报告》，2013。

社会影响力。皮书数据库除机构用户外，也有一批个人用户，这些人多为各行业、各领域内的精英，借助皮书数据库平台，能够影响社会精英，进而引导社会舆论，发挥智库作用。

皮书数据库还提供定制内容推送与知识关联推荐等个性化服务，使智库研究成果能顺利、及时地到达目标受众。前者依托在内容资源之间搭建的知识关联网络，可通过学科、区域、行业、研究主题、实时热点等路径实现资源的按需定制和精准推送。后者通过主题概念相关和分类层级相关等方法提示知识之间的关联关系，达到知识扩展和知识发现的目的。[①]

三 专家聚合与交流平台

经过多年的发展，皮书数据库已从基于数据关系的内容平台、基于人机关系的研究平台发展到基于人际关系的学术交流平台。[②] 皮书数据库通过"机构库"与"作者库"进行智库专家资源的整合与维护，打通各智库机构、各研究人员之间的界限，建立学术共同体，推进学术交流，助力智库研究。截至目前，机构库中共有各类机构 700 余家，作者库中共有作者资源 3.2 万余名，并实现了从工作机构、研究领域两大维度对专家资源进行分类与聚合。

皮书数据库专家聚合与交流平台下一步将完善学术关系，建

---

① 胡涛：《立足品牌 专注质量 打造精品——皮书数据库建设之路》，《出版广角》2014年第 Z3 期。

② 邸荣芬：《皮书数据库二期发布"数字社科院"实现路径更加清晰》，《出版参考》2011年第 9 期。

立学术社区。以"合作作者""同领域作者""被共同关注作者""合作机构""合作课题组""合作成果"六大节点，构建学术关系网络；搭建学术社区，提供在线发布观点及研究成果、在线交流沟通等功能。

四　国家前沿战略和社会热点深度分析平台

凭借先进开放的数字技术平台和强大的专家系统，皮书数据库将资源动态重组技术应用于个性化按需定制，使紧跟国家重大战略、追踪国内外时事热点，结合社科学术研究前沿，即时推出热点专题库成为可能。热点专题库对国家战略、社会热点进行深度分析解读，为国家决策、机构研究及社会认知提供重要参考。近年来，为响应国家精准扶贫战略、京津冀协同发展战略、"一带一路"倡议、依法治国战略等重大战略，皮书数据库策划推出了中国减贫专题库、京津冀协同发展专题库、"一带一路"专题库、依法治国与法治中国专题库等，结合社会关注点策划推出了大学生就业与发展、中国国家安全、全球气候变化、中国竞争力、金砖国家等特色专题库，均取得了不错的市场反响与社会效益。

作为立体化智库平台的一部分，热点专题库是皮书数据库对国家前沿战略和社会热点的关切与回应，体现了智库机构心系国家、关注民生的学术情怀。已成为中国经济社会发展风向标的皮书数据库热点专题库，已然成为国家前沿战略和社会热点深度分析平台，成为政府决策重要的理论依据和信息支持。

五　中国指数研究与发布平台

作为中国经济社会发展的"记录仪"，皮书用数据记录着中国的发展足迹。目前皮书数据库累计数据量已达百万量级，基于皮书数据库海量数据的中国指数研究与发布平台将成为皮书数据开发的重要方向。

①领域指标体系梳理。中国指数研究与发布平台将对中国经济社会发展的各个研究领域进行全面、系统的梳理，设计和建立科学合理的经济社会各领域理论分析模型与指标体系。②数据仓库建设。在充分整合出版社已有经济社会发展研究评价指标体系、中国发展与中国经验等相关内容资源的基础上，全面采集中国经济、社会、政治、教育、文化、环境、医疗卫生等领域的调研数据、文献资源、研究资料和研究成果等，建设基础数据仓库。③领域指数库构建。通过建设技术规范、功能完善、接口强大的技术平台，对数据和资源进行深度挖掘，构建全面、深入、面向各主题领域的指数库。

综上，通过对数据资源进行基于领域细分的完整指标体系构建，在扎实做好底层数据仓库建设基础上，构建分领域指数库，实现经济社会各领域数据的动态更新、实时查询、统计与趋势预测、多维可视化展示等功能，助力形成强大、持续的领域科研创新动力，打造权威、高端、学术的中国指数智库平台。这将为国际学术界关于中国的研究提供强大权威的指数标准支撑，为党和政府拟定国家战略决策、推动经济社会发展、参与全球治理、扩大国际影响力提供思想支撑。

六 学术科研全流程服务平台

皮书数据库在多年摸索尝试中，积累了丰富的平台建设经验，能够为智库机构提供从资源采集与整合、数字化加工、规范化管理、编辑标引到产品设计与开发，再到技术平台建设、运营平台建设，以及产品运营等全流程学术科研服务。

①资源管理共享平台。可对智库机构内外部优质资源进行采集、整合并进行统一管理，优化资源管理规范，为科研数据的管理和获取提供便利。②基础资料库开发。对采集和整合的智库机构内外部资源进行结构化加工，制定符合其研究特征的资源分类体系标准，进行基础资料库的开发，满足基础资料查询需求。③学术科研成果库开发。在对智库机构成果分析分类的基础上，或根据智库机构自身需求开发其专属的智库成果专题库，或智库成果门户网站，提供智库成果发布推广服务。智库成果库的开发对树立智库机构自有学术品牌、促进学术交流合作具有积极作用，也是特色智库建设的基础。④学术科研全流程管理。可建设学术科研协同工作平台和科研管理系统，在项目管理、经费管理、成果管理、成果上报、成果发布及推广等学术科研的各个环节提供必要的服务支持。⑤按需定制。可在皮书数据库专家系统和数字内容结构化的基础上，突破皮书内容资源的图书结构，实现多粒度知识资源在不同分类、不同行业、不同学科、不同地域和不同时间等领域的内容资源整合，从而满足不同领域和行业用户的需求，达到知识的按需定制与推送。

　　作为立体化的智库平台，皮书数据库将继续以整合发布中国研究主题的智库成果为基础，以运营和研究发布中国指数为目标，为用户提供基于完整社会科学知识组织体系的精准知识服务。利用快速发展的信息化与数字出版先进技术，不断挖掘其作为立体化智库平台的更多"立体面"，为中国特色新型智库建设提供多角度、全方位的服务和应有的支持，促进中国智库有序发展，加速智库成果转化，为打造关于当代中国研究的学术评价标准、提升中国智库影响力发挥更大作用。

皮书研创推进智库建设　共创
中国话语体系建设新征程

——第十六次全国皮书年会（2015）会议综述

丁阿丽[*]

2015 年 8 月 7～8 日，由中国社会科学院主办，社会科学文献出版社和湖北大学共同承办的"第十六次全国皮书年会（2015）：皮书研创与中国话语体系建设"在湖北省恩施市召开。中国社会科学院副院长李培林，国家新闻出版广电总局原副局长、中国出版协会常务副理事长邬书林，湖北省宣传部副部长喻立平，中国社会科学院科研局局长马援，国家新闻出版广电总局出版管理司副司长许正明，中共恩施州州委书记王海涛，社会科学文献出版社社长谢寿光，湖北大学党委书记刘建凡等相关领导出席开幕式。开幕式由中国社会科学院科研局局长马援主持。

---

[*] 丁阿丽，社会科学文献出版社皮书研究院助理研究员。

一　皮书年会隆重召开，社会各界共话皮书研创新篇章

开幕式上，社会科学文献出版社社长谢寿光代表会议承办方致辞。他指出，皮书年会自 2000 年至今已十六年，这十六年里，在中国社会科学院和国家新闻出版广电总局、全国哲学社会科学规划办公室等相关部门领导的指导和支持帮助下，在皮书研创者和出版者的共同努力下，皮书不仅实现了品种的稳步增长，还实现了内容质量和社会影响力的不断提升，成为中国社会科学院乃至中国社会科学界智库成果发布的平台，受到中央领导的高度重视，得到了国内外的普遍关注。皮书系列先后被列入国家"十二五"重点出版规划项目和中国社会科学院哲学社会科学创新工程项目，部分优秀皮书得到国家有关部委"走出去"项目的支持。同时，他还指出，皮书是一种具有鲜明话语特征并被国际社会关注和接受的智库报告，在政府决策、智库思想交流、社会推广、媒体转化、引导理论、传递中国话语等方面发挥着重要的作用。皮书研创出版将成为中国特色新型智库建设的重要抓手。面对国家的需要，皮书研创者和出版社身负重任，应有所担当，将皮书的内容做精做细，将皮书的出版和推广做得更好。

湖北大学党委书记刘建凡在致辞中指出，一年一届的皮书年会为皮书的研创发展创造了良好的平台。此次年会以"皮书研创与中国话语体系建设"为主题，为进一步推动皮书研创者和出版者的交流，为中国皮书发展起到推动作用。湖北大学高等人文研究院从 2013 年开始出版"文化建设蓝皮书"，今后将努力做好做强，为皮书研创工作做出更大的贡献。

随后，中国社会科学院副院长李培林发表重要讲话。他指出，目前全世界还没有一个国家，有200多种皮书报告，在每一个领域都能够如此详细地来描述它的当前状况和发展趋势。因此我们要利用已有的优势，把皮书精心打造成一种在世界上比较独特的智库产品。所以我们需要研究怎样提高皮书质量，让皮书能够称得上是"智库产品"。要把皮书打造成优秀的"新型智库产品"，需要从皮书的影响力、话语权、学术含量等几个层面来定位。皮书已经在国外出版了英、俄、日、韩、德等语种80余本，但还远不能满足世界对中国发展认知的渴望，今后要利用国际知名出版机构的平台，加大推广力度。现在我们的话语体系研究，很多仍然局限在阐释"重要意义"这样的讨论上，还没有具体到每一个方面、每一个学科。因此我们必须建立起自己的一套核心理念和话语体系，使皮书成为理解中国道路、中国经验、中国话语体系的载体。同时，我们要努力开创新局面，让皮书质量更上一个台阶。对于如何大幅度提高皮书质量，李培林副院长提出了三个建议：一是重视总报告的撰写。总报告是一本书的灵魂，总报告不仅是描述性的，也要是研究性的，总报告的水平在某种程度上代表了皮书的水平，总报告要努力争取达到能够单独发表的水平。二是注重学理支撑。皮书报告，无论是数据分析还是文字叙述，都要注重对发展规律的揭示，注重观点和判断要有学理支撑。三是注重学术规范。比如参考文献，代表着作者对自身研究领域是否非常熟悉。皮书可以尝试统一加上参考文献。皮书只有规范化，才可以称之为高质量的学术成果。

湖北省宣传部副部长喻立平在会上指出，治理体系和治理能力现代化的实现离不开皮书的支撑；中国话语体系建设的具体化、系统化离不开皮书的支撑；加强党的建设，转变党的作风，特别是搞群众路线离不开皮书的支撑。同时，他还指出，湖北省非常重视皮书的研创工作，湖北大学、武汉大学等高校都出版了皮书，湖北省将把皮书研创纳入湖北省的"十三五"规划中。

国家新闻出版广电总局出版管理司副司长许正明高度赞扬了本次年会的主题，指出"皮书研创"准确地指明了学术出版可持续发展的动力在于研创，而"中国话语体系建设"也是我国当下提高国际话语权、增强文化软实力的应然之举。他还指出，专业的学术出版机构是构建中国话语体系的重要渠道和平台。学术出版机构应在中国特色新型智库建设和中国话语体系建设中找到自己的位置，发挥更大的作用。虽然近年来我国出版事业迅猛发展，我国也确实迈入了出版大国的行列，出版业在构建中国话语体系方面发挥了很大的作用，但是其内生驱动力远远没有彰显出来，因为中国出版物的内容、创新能力、传播能力与整个国家的整体实力相比，与发达国家相比还有较大的差距。图书出版特别是学术出版必须走创新性、专业化、国际化的道路，必须加强学术出版的研创能力建设，希望社会科学文献出版社以皮书出版为依托，整合研创、传播、智库建设等资源，为中国话语体系建设和智库建设做出开创性的探索。

中共恩施州州委书记王海涛对第十六次全国皮书年会在恩施召开表示祝贺。他指出，恩施现在经济还不够发达，要全面建成小康社会，还缺少一些东西，尤其是缺皮书，因为皮书传递的是先进的、权威的、现代的观念。落后地区看起来是缺金钱，实际上是缺知识和现代观念，知识可以改变一个人的命运，也可以改变一个地区的命运，皮书就是载体。

二 授权使用创新工程标识，共同提升皮书影响力

开幕式上，李培林副院长代表第三届皮书学术评审委员会宣布了 2016 年授权使用"中国社会科学院创新工程学术出版项目"标识的 46 种院外皮书名单，《安徽蓝皮书：安徽社会发展报告（2016）》等皮书入选。

中国社会科学院自 2014 年开始，授权首批 35 种优秀的院外皮书使用"中国社会科学院创新工程学术出版项目"标识，2015 年共 41 种。通过这种方式，不断推广中国社会科学院创新工程的皮书管理经验，激励院外皮书课题组重视皮书的研创，提升皮书质量，扩大皮书品牌的影响力。

三 优秀皮书、报告受关注，共促皮书内容质量

国家新闻出版广电总局原副局长、中国出版协会常务副理事邬书林代表第三届皮书学术评审委员会宣布了第六届优秀皮书奖获奖名单。其中，《北京蓝皮书：北京公共服务发展报告（2013～2014）》等 38 种皮书获得"优秀皮书奖"，《城市化率达到 50%以后：拉美国家的经济、社会和政治转型》等 41 篇报告获得"优秀皮书报告奖"。

皮书的评奖工作自 2009 年第十次全国皮书年会开始，已连续开展六届。评奖工作的开展是对皮书内容质量的充分检验，也是提升皮书智库成果价值的重要举措，对进一步提升皮书体例规范和学术创作规范具有重要意义。

四　学术报告内容丰富，传达经济社会最新动态

会议期间，中国社会科学院世界经济与政治研究所所长张宇燕，中国社会科学院社会学研究所所长陈光金分别以"世界经济形势分析与展望""经济新常态条件下的社会发展模式转型"为题，就当前的世界经济形势、中国社会形势等议题做学术报告。

中国社会科学院世界经济与政治研究所所长张宇燕深入分析了美国、日本、欧洲、中国、俄罗斯等国的经济政策和经济形势，指出 2015 年世界经济复苏缓慢，增速分化；就业总体改善，表现各异；物价稳中有降，通缩风险缓解；贸易与投资低速增长，大致平衡；公共债务保持稳定，总体可控。世界经济运行呈现六大特点：发达经济体货币政策分化、新兴市场与发展中经济体进入中速增长周期、国际贸易进入低速增长通道、多重因素引致原油价格暴跌、全球债务持续上升、西方制裁俄罗斯导致国际政治经济关系复杂化。

中国社会科学院社会学研究所所长陈光金分析了现阶段社会转型在制度条件、社会经济结构、分配结构和社会矛盾方面的深刻变化，认为经济新常态下的经济增长战略既为社会发展模式转型提供了新的潜力和空间，也带来了挑战，社会结构变迁同时为社会发展模式转型提供了契机和压力。当前中国社会发展的新趋势是从数量导向转向质量导向。他对社会发展模式转型提出了几点建议：第一，全面深化社会体制改革，建立现代社会保护和社会治理体系。第二，加快政府转型和政治职能转变，建立真正以

社会发展为主导的公共财政体系。第三，搞好新型城镇化，加快城乡统筹进程，加快缩小城乡社会发展差距。第四，加快教育体制改革，强化职业教育体系。第五，深化社会保障体制改革。第六，加快社会组织管理体制改革，提升社会自我调节和治理的能力和水平。第七，进一步完善城乡社区建设，让基层社区自治回归本位。第八，发展社会公益慈善事业，更好地动员社会资源参与社会发展。

五　主题发言精彩纷呈，学术讨论与经验交流高潮迭起

在主题发言环节，国家新闻出版广电总局原副局长、中国出版协会常务副理事长邬书林，社会科学文献出版社社长谢寿光，中国社会科学院政治学研究所所长房宁，湖北大学高等人文研究院院长江畅，河南省社会科学院副院长谷建全，首都经济贸易大学原校长文魁，同济大学德国问题研究所副所长郑春荣，中国社会科学院新闻与传播研究所所长唐绪军，青海省社会科学院院长陈玮，北京林业大学人文学院院长严耕，中国传媒大学广告学院原院长黄升民，上海交通大学人文艺术研究院副院长谢耘耕围绕"皮书研创与中国话语体系建设"，进行了精彩的主题发言。皮书研究院院长蔡继辉发布了 2014 年版皮书评价结果。社会科学文献出版社数字资源运营中心数字皮书运营部主任高蝴蝶介绍了皮书数据的有关情况。

国家新闻出版广电总局原副局长、中国出版协会常务副理事长邬书林就如何提高皮书研究水平和出版水平作了主题发言。他指出，经过 20 多年的探索和发展，我国的皮书研究和皮书出版

取得了重要进展，为进一步提升我国的学术出版水平奠定了坚实基础。皮书初步形成了较为全面反映当代中国经济社会发展的出版门类和出版品种；皮书研究和皮书出版有了比较明确的功能定位；皮书的研究工作和出版工作形成了自身的学术规范和出版规范；皮书已经形成了研究工作者和出版工作者相互影响、相互促进的并行机制；皮书在国内外也产生了良好的影响力。皮书现在已经进入国际视野，但数字化程度、皮书的质量和其他世界智库的重大项目还有很大差距。今后应进一步严格标准，以更多优秀的学术成果来赢得中国实际话语权。同时，进一步拓宽视野，分析国内外研究皮书的新情况，利用信息技术带来的新机遇，通过构建研究工作者、出版工作者互动的平台，汇集世界顶尖学者专家的权威性研究、相关学科和学派的研究、特定的研究学派的新观点、普通大众的观点，利用针对研究需求和出版需求的专门工具，加强系统化的研究，努力提高皮书研究水平和出版水平。

社会科学文献出版社社长谢寿光在发言时主要讲了三个问题：一是"当下中国"已成为全球性话题。改革开放以后，研究中国的传统文化远远不能满足人们的需求，这时需要研究"当下中国"。同时，作为第二大经济体的中国亟须被西方社会理解、信任，也正是这样，中央不断提出要"走出去"。建立中国的话语体系在这个阶段被提出。建立中国的话语体系，关键是构建"当下中国"的话语体系，这是中国话语体系建设的核心内容，也是当代中国的学术使命。二是皮书已成为关于"当下中国"最具影响力的话语平台之一。皮书可以作为智库成果和社会科学应用对策成果的推广和发布平台，是关于"当下中国"年度发展的权威资讯平台，皮书同时也是世界了解"当下中国"

的专业窗口，以皮书为核心构建的皮书数据库，有效满足了大数据时代认知、把握"当下中国"对结构化专业数据的需求。三是提升皮书话语能力的几个关键词，包括专业、前沿、连续、数据、传播。

中国社会科学院政治学研究所所长房宁围绕"智库建设与皮书工程"进行发言。他指出，现代智库研究在性质与功能以及组织结构与研究方法等诸多方面，都与普通社会科学研究有很大区别，现代智库具有独特的服务对象、研究对象、研究方法和组织方式。房宁所长对智库发展的三个境界进行了总结：一是专门化。智库以及智库研究人员应专门从事某一领域或某项政策的研究咨询工作。二是专业化。智库研究工作需要专属的研究方法、研究技术、研究手段和研究积累。三是职业化。智库机构研究成员是以专门化、专业化的智库研究为基本职业和谋生手段，并形成一种独特的智库评价系统，评判智库及成员的价值与水平。要达到以上三个境界还需建立在适应和促进新型智库成长的体制机制、智库人才的培养、智库的技术支撑基础之上。

湖北大学高等人文研究院院长江畅发言时强调智库需要学术支撑，一定要有深厚的学术基础，否则智库就可能处在一个边缘的位置。他指出，目前一些智库在组织研究队伍方面不重视必要的基础研究人员，在利用研究资源方面不重视基础学术资源，在研究取向方面缺乏研究者应有的中立立场。其严重后果就是使智库研究成为"头痛医头、脚痛医脚"的应景研究。

河南省社会科学院副院长谷建全在交流皮书的管理经验时指出，河南省社会科学院在皮书系列研创过程中，注重统筹皮书的各重要环节、重结果、抓关键、强基础、健全机制、完善保障，进一步提高了皮书的研创水平和社会影响力。其中包括十个层次的工作：第一，把皮书研创纳入院级重要议事日程。第二，制定详细的皮书研创规章制度和工作流程。第三，把理论与实践创新作为皮书研创的灵魂。第四，把增强话语权和影响力作为皮书研创的核心。第五，把皮书纳入综合考评，作为作者加强皮书研创的支撑条件。第六，制定皮书研创激励机制。第七，健全皮书创研工作机制。第八，发挥皮书系列的智库功能，使其直接服务重大决策。第九，形成稳定的皮书研创团队。第十，加强皮书研创的经费保障。

首都经济贸易大学原校长文魁从打造皮书智库产品、提升话语权的视角介绍了"京津冀蓝皮书"作为典型智库产品的体会。多年来"京津冀蓝皮书"课题组注重研究成果应用转化，研究成果被国务院办公厅、中央研究机构、北京市政府等采用，承担了多项政府委托课题，并在《经济日报》《人民日报（内参）》《经济日报（内参）》发表了一批文章及报告，产生了很大的社会影响，获中央领导及地方领导批示。最后，文魁校长谈了他对中国话语权与中国话语体系的思考，指出讲好"中国故事"的前提就是中国有故事，"中国故事"能够反映我们中国的道路自信和理论自信，这是中国话语体系的基础。然后再以特有的语言表达方式来表述故事，同时不断探索国际上听得懂的语言和表达方式。

同济大学德国问题研究所副所长郑春荣就"以皮书为载体构建国际话语体系的若干思考"与参会课题组代表进行了交流。郑春荣指出，皮书和智库建设是紧密相关的，智库一般有自己的代表性产品，"皮书"是其中的一种。有人认为智库的评价标准包含五大影响力：政策影响力、学术影响力、媒体影响力、社会影响力、国际影响力。而皮书与这五大影响力都有密切的关系。"德国蓝皮书"作为智库产品，在对外话语体系建设方面做出了很多努力。一是利用海外媒体来传播该书的观点，包括在德国的杂志、周刊上报道蓝皮书的进展。二是聘用外国专家、参加学术交流以及国际会议提升影响力。但目前，在建构国际话语体系方面存在一定的障碍。他强调，要改善目前的这种状况，需要有一种参与建构国际话语体系的使命感，并利用各种平台，如社会科学文献出版社的皮书数据库和传播网络向外推送观点，同时要善于设置国家议题，尤其是进行国际问题研究，要避免陷入西方的话语体系。

中国社会科学院新闻与传播研究所所长唐绪军表示，"新媒体蓝皮书"的成功得益于皮书的研创尤其是推广阶段。唐绪军把新传播学的理论和媒体的实践充分结合，就"新媒体蓝皮书"的推广经验与参会课题组代表进行了分享。具体包括：第一，议程设置。通过议程设置影响大众的关注点。在新闻发布会之前通过新媒体、微博、微信广泛预热，发布会后借助自媒体进行广泛推广，如"三分钟说新闻"等。第二，掌控话语权。针对不同的媒体精心准备分类新闻稿：对于不会引起争论的新闻稿，总结蓝皮书的研究成果；对于会引起争议的新闻稿，报道以后会形成争论，利用热点制造热点，通过网络语言缩短与网友的距离。最后，唐绪军指出，掌控话语权要做到有底气、有思想、有自信、有意思、有分寸。

青海省社会科学院院长陈玮就欠发达地区的皮书研创和话语体系建设发表了观点。他指出，构建中国特色话语体系对民族稳定发展意义重大，有利于消除国际社会的误读，也有助于形成改革发展的共识。陈玮院长认为，皮书品牌承载着构建中国特色话语体系的神圣使命，皮书品牌在讲好中国故事的重要载体作用下，充分发挥了我国的智库结构、专家学者的智慧和力量。应始终把构建中国特色话语体系作为皮书研创的内在要求。最后，陈院长介绍了"青海蓝皮书"今后努力的四个方向：第一，拓展皮书类别，突出民族地区皮书研创的针对性和权威性。第二，打造人才队伍，确保民族地区皮书研创的可持续性。第三，以与高端智库加强联系合作提升民族地区研创的能力。第四，完善皮书编撰制度，打造民族地区皮书品牌。

北京林业大学人文学院院长严耕以"与皮书一道成长"为主题，围绕"生态文明绿皮书"编撰的缘起及发展进行了经验介绍。严耕指出，皮书特有的权威学术品牌效应，对学校的学科建设和课题研究具有重要意义：第一，借此产生了一系列的学术产品。第二，促进了学科和平台的建设。第三，承担了一系列的学术课题，其中包括国家林业局、教育部以及国家社科基金等课题。第四，获得一些奖项，得到了一定程度的鼓励和肯定。第五，通过皮书的编撰，扩大了学术影响，目前，北京林业大学生态文明研究中心被学界称为生态文明量化评价重镇，逐步开始发挥智库的作用。最后，严耕院长用"以问题为导向、以质量为生命、以思想为灵魂"概括了自身编撰皮书的体会。

中国传媒大学广告学院原院长黄升民表示，皮书是一个知识体系，是动态的，但它需要一个固化沉淀的循环型的知识平台和生产的体制与机制。同时这种沉淀下来，成为精华的知识，会作为学术支撑动态的研究，形成一个循环的过程。皮书是行业信息的汇总与个案的积累，这是皮书的出发点。皮书是持续而且精专的行业研究集合，是跨界研究的"中间件"和"数据元"，皮书的内容不一定是结论性的，它是一个中间产品而不是一个最终报告，最终报告应该是在蓝皮书的基础上归纳出来的。这样的一个"中间件"和"数据元"是可以在一个时空交汇的舞台上展示的，通过观点或媒体来展示。因此，皮书要有创意、有积累、有数据的支撑，只有融入"无限"传播循环里面才会有新生。

上海交通大学人文艺术研究院副院长谢耘耕认为，实证研究是历史对中国社会科学家提出的一个迫切要求。在未来的中国智库发展和中国话语体系的建设中，社会科学家需要更多地采用实证定量的研究方法，将研究构筑在经验数据而非纯粹想象的基础上。他指出，皮书是智库产品的有效载体、政策发布的先声、舆论引导的平台、学术研究的基础库，最后，谢副院长就上海交大舆情研究实验室的运作模式和运作经验与大家进行了分享，包括：第一，加强数据库建设，强化实证定量研究；第二，按照国际学术规范，提升研究的专业性和科学性；第三，强化精品意识，提升蓝皮书质量；第四，加强国际出版，提升国际影响力。

社会科学文献出版社皮书研究院执行院长蔡继辉首先对2014年版皮书的评价结果进行了通报，其中包括：2014年版皮书综合评价前100位书目、2014年版皮书综合评价分类排名前10位书目。其次，对评价方法、评价程序以及评价专家进行了说明。他指出，目前皮书的评价得分包括内容质量得分和社会影响力得分。内容质量得分是把定量评价与定性评价相结合，定性评价采用"同行"评价的方式。在分析媒体报道指标时，他强调，发布会是对皮书进行宣传的主要方式，但不是唯一方式，可以将微博、社交媒体（官方微博、自媒体等）、发布会后深度的报道和访谈相结合，提升皮书的影响力。最后，对第六届优秀皮书奖的奖项分类等级及设置原则、入围条件、评奖标准、评奖程序等进行了一一说明。

社会科学文献出版社数字资源运营中心数字皮书运营部主任高蝴蝶介绍了皮书数据库的相关情况。她指出，皮书数据库是一个专业学术数据库产品，主要分为 13 大知识分类，6 大热门子库，多个特色专题库。皮书数据库是一个科研平台，主要有四方面的平台功能：资源整合平台、资源"引进来"平台、资源"走出去"平台、成果发布共享平台。目前的皮书数据库通过产品推介会、专题会议、高校读书月活动、媒体专访、新媒体推广等方式进行推广。目前国内的皮书用户有 122 家，海外用户 15 家。皮书数据库可以提供定制服务，包括为科研提供资源使用统计分析和为课题组提供按需定制的数据服务。

除主题发言外，大会分别设置了以"研讨皮书规范、皮书手册等"和围绕大会主题与领导讲话为内容的两个分论坛。与会代表在分论坛上畅所欲言，进行了充分的交流和讨论。大家一致认为，皮书已经建立了自己的一套学术规范，在国内外已经产生了一定的影响力。但要在本行业、本领域甚至在国际上有一定的话语权，必须要坚持皮书的原创性，提高皮书的内容质量，同时利用新媒体加强传播和推广，让更多的人了解中国的问题和世界的需要。

鉴于皮书"走出去"和扩大国际影响力、构建国际话语权的需要，社会科学文献出版社国际出版分社社长李延玲介绍了皮书国际化的现状、皮书国际推广工作的瓶颈与出路以及皮书数据库的海外销售情况。她指出，皮书的研创和中国话语体系的建设离不开皮书的国际化。目前，社会科学文献出版社已出版外文版皮书80余种，年度出版外文版皮书30余种，涉及英文、日文、韩文、俄文和繁体中文，并与springer等国外学术出版机构达成合作协议。皮书主要通过参加国际书展、美国亚洲研究学会年会等进行宣传和推广，并由谢寿光社长亲自带队，邀请重要皮书作者参加亚洲研究学会年会。李延玲还从国际出版的角度，提出改进外文版皮书的四个建议：第一，坚持数据的原创性，慎重对待引用的国外资料。第二，坚持规范性，尤其是要在文中标明引文和注释。第三，坚持连续性，保证皮书的周期性出版。第四，注重内容的资源整合。将书稿内容整合为3万字左右的书稿，以符合国外读者的阅读习惯。

六　皮书年会圆满落幕，共筑中国话语体系新时代

闭幕式上，社会科学文献出版社社长谢寿光做大会总结发言。他指出，本次会议主题突出、观点鲜明、有效信息量大。本次年会体现出两个特点：一是出席专家涉及面广。出席本次会议的不仅包括各研究领域的专家，也包括像恩施州州委书记这样的地方官员，他们对皮书的话语权都有着深刻的认识。二是会议内容专业。这与各位与会代表的用心、专业是分不开的。这也说明皮书研创出版是20世纪末以来，中国特色新型智库建设的一个成功范例。

为落实好本次会议精神，应做好以下三项工作：第一，及时

整理和发送会议相关资料，便于各课题组传达信息。第二，进一步组织有关本次年会的媒体宣传工作，包括在中国皮书网、皮书数据库平台上发布。本次会议的精彩发言，也会在《光明日报》做专版，进一步传递各位代表的声音，构建学者的话语权。第三，希望参会的各皮书课题组向所在单位领导汇报本次年会的情况，让更多的人认识、认同皮书的价值，并召开相关皮书的工作会议，部署 2016 年的皮书研创工作。

对于课题组比较关注的皮书评价、评奖以及如何提高皮书的权威性等方面，谢寿光社长统一作了回应。他指出，在提升皮书的影响力和权威性方面，出版社一直在努力。一是努力让皮书作者的研究成果进入科研院所以及高校的评价体系，也争取能够进入科学期刊。目前社会科学院已取得了一定的进展，但高校可能实施起来会更加复杂。二是关于优秀皮书奖能否加盖中国社会科学院的印章，出版社也做了很多努力。可以说，"优秀皮书奖"评了六届，其流程越来越规范、严谨。从 2011 年皮书年会升格为由中国社会科学院主办后，优秀皮书奖的最终结果都是经过中国社会科学院院务会议批准通过的。

关于皮书评价和评奖工作，出版社每年、每一次会议都会吸纳各位专家的意见，逐步形成了合理的皮书评价体系，形成了一个有效的激励机制。目前，出版社主要是通过发放奖金的形式对获得"优秀皮书奖"和"优秀皮书报告奖"的课题组和作者进行奖励，有些地方社会科学院也会追加奖金。出版社正在尝试对比较优秀的皮书，通过其他方式进行更多的回馈，如免获优秀皮书奖获奖单位 1 人的注册费。今后，可能会建立一个皮书研创的基金，对皮书研创以及年会提供一些支持。

对下一步皮书的研创出版，谢寿光社长还提出了四点建议：一是从智库建设和中国话语体系建设的战略高度做好皮书的顶层设计。无论是地方社会科学院还是其他皮书研创机构都要下定决心将皮书作为新型智库建设的抓手，尤其是国际问题类的皮书要对整个皮书做整体的规划，搭建好智库平台。二是助力完善皮书研创平台。整合原始数据库，形成一个平台，实现数据共享。三是利用新的技术，特别是在大数据时代，做关于皮书作者、主编、皮书研创机构、皮书编辑的资源库，并进行统一的 ID 编码，建立每一个相关人员的数据库和主页管理，形成智库资源。四是希望与会专家积极反馈对《皮书手册——写作、编辑出版与评价指南》的修改建议，出版社将整合专家的修改建议于 2015 年底正式出版《皮书手册——写作、编辑出版与评价指南》，通过这一手册来规范皮书的研创与出版，建立自身的标准。

会议最后，河南省社会科学院副院长谷建全代表下一届年会承担单位发言。他指出，由河南社会科学院主编的"河南蓝皮书"从 2013 年的 3 种到 2015 年的 6 种，其快速发展也是皮书发展的重要见证。第十七次全国皮书年会（2016）将在河南召开，这对河南社会科学院的皮书研创，将起到积极的促进作用，使"河南蓝皮书"再上一个新台阶。皮书年会是皮书研创交流的一个重要的平台，每一年各皮书的研创团队聚集在一起，交流一些皮书研讨的经验，展望皮书发展的未来。最后，他向广大皮书课题组代表发出诚挚邀请，希望 2017 年各位皮书研创者莅临河南郑州，参加一年一度的皮书年会。

本次年会皮书研创团队之间互相合作、分享经验，共同对当下中国的话语体系建设进行交流，达成了鲜明的共识。会议期间和会后，媒体也对本次年会进行了热议，《光明日报》、《中国新闻出版报》、新华网、中国社会科学网、中国网、恩施新闻网等中央级媒体和恩施本地媒体对本次年会予以了报道。

中国社会科学院社会学研究所所长陈光金、青海省社会科学院院长陈玮、中国社会科学院政治学研究所所长房宁、江西省社会科学院党组书记姜玮、中国社会科学院城市发展与环境研究所党委书记李春华、广西社会科学院院长吕余生、内蒙古社会科学院院长马永真、中国社会科学院新闻与传播研究所所长唐绪军、甘肃省社会科学院院长王福生、贵州省社会科学院院长吴大华、中国社会科学院世界经济与政治研究所所长张宇燕、湖北省社会科学院党组书记张忠家、黑龙江省社会科学院院长朱宇等来自中国社会科学院、地方社会科学院及高校、政府研究机构的领导及近 200 个皮书课题组的 380 多人出席了会议。

附 录

中国社会科学院皮书管理办法

（2014 年 5 月 29 日院务会议通过）

为进一步加强皮书编撰、出版及发布工作的管理，提高皮书的学术水平和出版质量，制定本办法。

第一章　总　则

第一条　本办法所指皮书是由中国社会科学院院属单位组织编撰和院外机构组织编撰并由院授权使用"中国社会科学院创新工程学术出版项目"标识，对中国与世界发展状况和热点问题进行年度分析和预测的连续性公开出版物。

第二条　皮书编撰与出版应坚持正确的政治方向和学术导向，具有较高的学术水平和出版质量。

（一）皮书责任单位对皮书的政治方向、理论水平、学术规范、数据准确性、编撰时限负责。

（二）出版社对皮书出版质量、出版时限负责；落实"三审三校"制度,严把政治关、学术关和编校关。

第三条 科研局负责协调相关部门对皮书进行日常管理。

第二章 皮书资助

第四条 中国社会科学院对皮书择优实施后期资助,原则上每个单位资助1~2种,全院资助40种左右。后期资助经费包括研究经费、稿酬补贴和出版经费。

第五条 皮书获得后期资助应同时具备以下条件:

(一)院属单位组织编撰,由院内学者担任主编,是某一领域、门类或地域最新情况或前沿问题的研究报告,具有原创性、实证性、前瞻性、权威性、时效性。

(二)坚持正确的政治方向和学术导向,符合学术规范。

(三)已连续出版3年(含)以上,在院组织的皮书评价中排名前50位。

(四)社会反响好,能够体现本院学术水平。

第六条 每种皮书研究经费资助4万元/年,从科研专项业务经费中列支。研究经费拨付皮书责任单位,主要用于:

(一)召开组稿会、审稿会、研讨会等与皮书编撰有关的工作性会议。

(二)编撰过程中开展的调研活动。

(三)购买研究资料及相关数据。

支出标准按照院创新工程经费管理有关规定执行。

第七条 每种皮书稿酬补贴按200元/千字标准核算,最多不超过6万元/年,从科研专项业务经费中的学术出版经费中列支。稿酬补贴拨付皮书责任单位。每篇研究报告的稿酬补贴发放标准为 500 元至 3000 元。

第八条　皮书出版经费拨付出版社，从院创新工程学术出版经费中列支，资助标准为：

（一）获得"优秀皮书奖"的皮书，每种资助 8 万元/年。

（二）综合评价排名前 30 位的皮书，每种资助 6 万元/年。

（三）综合评价排名前 50 位的皮书，每种资助 4 万元/年。

第九条　皮书研究经费和稿酬补贴申请、评审程序：

（一）皮书责任单位在皮书出版后提出申请。

（二）皮书学术评审委员会评审并投票表决，得票超过半数方可通过，并按得票数末位淘汰，淘汰率不低于 20% 。

（三）科研局审核，提出经费资助额度。

（四）院务会议批准。

第十条　出版经费申请、评审程序：

（一）出版社依据皮书评奖和综合评价结果，提出皮书出版资助申请。

（二）皮书学术评审委员会评审并投票表决，提出是否资助的意见和建议，淘汰率不低于 10% 。

（三）科研局审核，提出出版经费额度。

（四）院学术出版资助管理委员会审定。

（五）院务会议批准。

第三章　院外皮书使用创新工程标识

第十一条　中国社会科学院院外机构编撰的皮书，同时具备以下条件可申请使用"中国社会科学院创新工程学术出版项目"标识。

（一）政治导向正确、学术水平高、社会正面效应显著、符合学术规范、社会影响较大。

（二）遵守我院创新工程学术出版有关规定，并由院属出版社统一装帧、统一印制、统一发行。

（三）具有固定的责任单位和稳定的研究团队。

（四）已连续出版 3 年（含）以上。

（五）在皮书综合评价中排名连续 3 年进入前 100 位。

第十二条 院外皮书使用创新工程学术出版项目标识，每年申请、评审一次，程序为：

（一）皮书责任单位提出申请。

（二）院属出版社推荐。

（三）院皮书学术评审委员会评审并投票表决，得票超过半数方可通过，并按得票数末位淘汰，淘汰率不低于20%。

（四）科研局审核。

（五）院务会议批准。

第十三条 院外皮书使用创新工程学术出版项目标识，其编撰、出版等经费由皮书责任单位自筹，并保证在当年出版。

第十四条 院外皮书出现以下情况之一，停止使用创新工程学术出版项目标识：

（一）出现政治方向性问题。

（二）违反学术规范。

（三）出现图书编校质量问题。

（四）未能于规定时限出版。

（五）未履行皮书成果发布备案程序。

（六）缺少必要的经费支持，无法完成编撰及出版工作。

（七）其他有损创新工程学术出版项目声誉的情况。

第十五条　出版使用创新工程学术出版项目标识的院外皮书，其编撰机构须与中国社会科学院院属出版社签订出版协议。

第四章　皮书成果发布

第十六条　皮书成果发布应遵循宣传纪律，坚持正确的立场，遵守党的路线、方针、政策和国家的法律、法规。

第十七条　皮书成果发布应确保内容客观、论点正确、数据真实、资料可靠，符合学术规范，并提前十个工作日向科研局申报备案，程序为：

（一）皮书责任单位撰写皮书成果发布新闻稿、填写《皮书成果发布备案表》，经单位主要负责人批准后送出版社审核；

（二）出版社审核盖章，经出版社社长、总编签字后报分管院领导批准；

（三）科研局备案。

未履行皮书成果发布备案手续的，取消下一年度皮书研究经费、稿酬补贴和出版经费的申请资格；院外皮书取消使用创新工程学术出版项目标识资格。

第十八条　皮书成果发布一般以责任单位或课题组名义进行。未经院务会议批准，不得以中国社会科学院名义进行皮书成果发布。

第十九条　皮书成果发布实行三层审批责任制，三层责任者分别为皮书主编、研究所所长（或皮书责任单位主要领导）、出版社社长。各层责任人均要对皮书的政治方向、理论水平、研究方法、学术规范等方面进行审核并签字确认。

第二十条 皮书主编为皮书成果发布的第一责任人，研究所所长（皮书责任单位主要负责人）、出版社社长为皮书成果发布的共同责任人，对本单位皮书成果发布负有领导、审核和监管职责。对皮书成果发布把关不严造成不良社会影响的，要承担相应责任。

第二十一条 皮书成果发布的新闻稿由皮书责任单位组织撰写，经研究所所长（或皮书责任单位主要负责人）审定。

第二十二条 皮书成果发布会的主办单位有责任引导媒体准确报道，防止片面和断章取义的宣传报道。

第五章 附 则

第二十三条 本办法自院务会议通过之日起实施。

第二十四条 《中国社会科学院皮书资助规定（试行）》（社科〔2012〕研字127号）和2013年10月24日院务会议通过的"《中国社会科学院皮书资助规定（试行）》的若干说明"、《中国社会科学院皮书类成果发布管理办法（试行）》（社科〔2013〕研字83号）、《院外皮书使用中国社会科学院创新工程学术出版项目标识的规定》（社科〔2013〕文版字139号）等文件同时废止。

第二十五条 本办法由科研局负责解释。

社会科学文献出版社关于皮书
准入与退出的若干规定（试行）

第一章 总则

第一条 为进一步提高皮书质量、规范皮书的准入与退出，制定本规定。

第二条 我社组织设立皮书评审委员会。皮书的准入与退出由皮书评审委员会管理，皮书研究院执行。

第二章 皮书的准入

第三条 皮书标准。只有全部达到下列各项皮书标准的图书，经审核通过后才能纳入我社皮书系列。

（一）皮书研创机构。皮书研创机构应以研究为主要业务，并在该研究领域具有权威性。

（二）皮书研创团队（课题组）。皮书研创必须成立可对本项目进行持续性研究的相对固定的课题组；研创团队成员应相对稳定。

（三）皮书主编。皮书主编应是本皮书所涉领域的权威学者（单位）。

（四）皮书作者。皮书总报告应由皮书主编或主要负责人亲自参与、执笔；分报告作者应涵盖本研究领域的主要知名专家。

（五）皮书内容。皮书应为资讯类产品，以数据分析为主要立论依据；皮书应具有明确的研究主题；皮书报告应为原创，且为首发；皮书应使用实证、定量的研究方法；皮书应关注学术领域和社会前沿话题并及时发布。

（六）皮书体例。要件齐全，满足皮书特定的体例规范。

（七）皮书出版时间。分析、预测类皮书应在前一年的岁末或当年年初出版，行业类皮书的出版时间应结合行业年度重大活动的时间。

（八）皮书出版周期。皮书应周期性连续出版。每个出版周期的出版时间应相对固定。

第四条 皮书准入程序。研创团队（课题组）填写《皮书项目准入申报表》，提交我社责任编辑；经相应编辑业务部门（即分社、出版中心或同级别编辑部室）初审通过后，提交皮书评审委员会；皮书评审委员会复审通过后，提交编辑委员会；编辑委员会终审通过后，方可立项。

第五条 皮书准入管理。皮书立项后，纳入社会科学文献出版社皮书系列统一管理。有权使用皮书序列号，使用出版社针对皮书品牌打造的一切营销、推广平台，优先共享出版社其他学术资源。

第三章　皮书的退出

第六条　皮书的退出按照优胜劣汰的原则，以皮书标准和皮书评价结果为主要依据。

第七条　皮书的退出依据。出现下列情形之一的图书，退出我社皮书系列。

（一）图书达不到本规定第三条皮书标准的；

（二）未能按时出版：由于主编单位的原因导致皮书无法持续出版，或连续两个出版周期未能按时出版的；

（三）内容质量低下：凡内容评价总排名连续两年位列最后五名，且得分低于 60 分或内容评价在分类排名连续两年（或五年内有三次）位列最后一名，且得分低于 60 分的；

（四）经济效益差且内容质量一般：凡定制类皮书，连续两年经济效益位列最后五名，且内容评价总排名位列后三十位或分类排名位列后五位的；

（五）主题重复的皮书，以近几年的评价结果为主要依据，优胜劣汰。

第八条　皮书退出程序。对符合退出依据的皮书，由皮书评审委员会审定后，经编辑委员会批准，将其退出皮书系列。

第九条　被退出的相应皮书名称可由其他研创团队（课题组）使用，但须作为新皮书重新履行准入程序。

第十条　虽不符合退出依据，但出现如下情形之一的，皮书评审委员会将定期予以警告：

（一）未能按时出版；

（二）内容评价排名靠后；

（三）经济效益差且内容质量一般。

研创团队（课题组）须提交整改报告及时改正。

第四章　附　则

第十一条　本规定由皮书研究院负责解释。

第十二条　本规定自 2014 年 1 月起施行。

社会科学文献出版社

2014 年 1 月 1 日

第四届皮书学术评审委员会
机构及成员名单

主　　任：李培林（中国社会科学院副院长）

　　　　　蔡　昉（中国社会科学院副院长）

副 主 任：马　援（中国社会科学院科研局局长）

　　　　　谢寿光（社会科学文献出版社社长）

委　　员（按姓氏笔画排序）：

　　　　　王延中（中国社会科学院民族学与人类学研究
　　　　　　　　　所所长）

　　　　　王　名（清华大学公共管理学院教授）

　　　　　方创琳（中国科学院城市地理与城市发展研究
　　　　　　　　　室主任）

　　　　　尹　鸿（清华大学新闻与传播学院常务副院长）

　　　　　左传长（国家发展和改革委员会宏观经济研究
　　　　　　　　　院经济研究所所长）

付子堂（西南政法大学校长）

冯仲平（中国现代国际关系研究院副院长）

邬书林（国家新闻出版广电总局原副局长、中国出版协会常务副理事长）

刘树成（中国社会科学院经济学部副主任）

齐　晔（清华大学公共管理学院教授，清华－布鲁金斯公共政策研究中心主任）

齐勇峰（中国传媒大学文化发展研究院学术委员会主任）

祁述裕（国家行政学院社会和文化教研部主任）

李　平（中国社会科学院数量经济与技术经济研究所所长）

李　林（中国社会科学院法学研究所所长）

李永全（中国社会科学院俄罗斯与东欧中亚研究所所长）

李向军（《光明日报》理论部主任）

李安山（北京大学国际关系学院非洲研究中心主任）

李绍先（宁夏大学阿拉伯学院院长）

李景源（中国社会科学院文哲学部副主任）

肖金成（国家发展和改革委员会国土开发与地区经济研究所原所长）

时和兴（国家行政学院公共管理教研部副主任）

吴　江（中国人事科学研究院原院长）

吴大华（贵州省社会科学院院长）

沈　原（清华大学社会学系主任）

沈雁南（中国社会科学院欧洲研究所编审）

张小劲（清华大学政治学系主任）

张宇燕（中国社会科学院世界经济与政治研究
　　　　所所长）

张蕴岭（中国社会科学院国际研究学部主任）

陈光金（中国社会科学院社会学研究所所长）

陈志瑞（《外交评论》主编）

林文勋（云南大学校长）

庞中英（中国人民大学国际关系学院教授）

赵忠秀（对外经贸大学副校长）

胡正荣（中国传媒大学副校长）

贺耀敏（中国人民大学校长助理、教授）

贾庆国（北京大学国际关系学院院长）

高培勇（中国社会科学院财经战略研究院院长）

唐绪军（中国社会科学院新闻与传播研究所所长）

黄　平（中国社会科学院欧洲研究所所长）

龚维斌（国家行政学院应急管理培训中心主任）

葛延风（国务院发展研究中心社会发展研究部
　　　　部长）

喻新安（河南省政协常委、中国（河南）创新
　　　　发展研究院院长）

焦玉良（《中国经济导报》副总编辑）

赖德胜（北京师范大学经济与工商管理学院院长）

薛　澜（清华大学公共管理学院院长）

魏玉山（中国新闻出版研究院院长）

魏后凯（中国社会科学院农村发展研究所所长）

秘 书 长：张国春（中国社会科学院科研局副局长）

蔡继辉（社会科学文献出版社副总编辑）

副秘书长：曲建君（中国社会科学院科研局成果处处长）

吴　丹（社会科学文献出版社皮书研究院执行

院长）

皮书大事记 (2014 年 8 月 ~ 2016 年 5 月)

2014 年 10 月 27 日，中国社会科学院 2014 年度纳入创新工程后期资助名单正式公布，相关资助措施进一步落实。《社会蓝皮书：2014 年中国社会形势分析与预测》等 42 种皮书纳入 2014 年度"中国社会科学院创新工程学术出版资助项目"。

2015 年 1 月 30 ~ 31 日，由社会科学文献出版社皮书研究院组织的 2014 年版皮书评价复评会议在京召开。皮书学术评审委员会部分委员、相关学科专家、学术期刊编辑、资深媒体人等近 50 位评委参加本次会议。中国社会科学院科研局局长马援、社会科学文献出版社社长谢寿光出席开幕式并发表讲话，中国社会科学院科研成果处处长薛增朝出席闭幕式并做发言。社会科学文献出版社皮书研究院执行院长蔡继辉主持评审会。

2015 年 4 月 28 日，"第三届皮书学术评审委员会第二次会议暨第六届优秀皮书奖评审会"在京召开。中国社会科学院副院长李培林、蔡昉出席会议并讲话，国家新闻出版广电总局原副局长、中国出版协会常务副理事长邬书林也出席本次会议。会议分别由中国社会科学院科研局局长马援和社会科学文献出版社社长谢寿光主持。经分学科评审和大会汇评，最终匿名投票评选出第六届"优秀皮书奖"和"优秀皮书报告奖"书目。此外，该委员会还根据《中国社会科学院皮书管理办法》，审议并投票评选出2015年纳入中国社会科学院创新工程项目的皮书和2016年使用"中国社会科学院创新工程学术出版项目"标识的院外皮书。

2015年8月7~8日，由中国社会科学院主办，社会科学文献出版社和湖北大学共同承办的"第十六次全国皮书年会（2015）：皮书研创与中国话语体系建设"在湖北省恩施市召开。中国社会科学院副院长李培林，国家新闻出版广电总局原副局长、中国出版协会常务副理事长邬书林，湖北省委宣传部副部长喻立平，中国社会科学院科研局局长马援，国家新闻出版广电总局出版管理司副司长许正明，中共恩施州州委书记王海涛，社会科学文献出版社社长谢寿光，湖北大学党委书记刘建凡等相关领导出席开幕式。来自中国社会科学院、地方社会科学院及高校、政府研究机构的领导及近200个皮书课题组的380多人出席了会议，会议规模又创新高。会议宣布了2016年授权使用"中国社会科学院创新工程学术出版项目"标识的院外皮书名单，并颁发了第六届优秀皮书奖。

2015年11月1日，《皮书手册：写作、编辑出版与评价指南》正式出版发行。该手册为皮书（智库报告）的写作、编辑、出版、评价提供一整套通用规范，为皮书的读者、作者实现沟通交流提供科学、便捷的标准，帮助相关环节的专业人士正确识别并恰当使用这些规则。

2015 年 11 月 3 日，中国社会科学院 2015 年度纳入创新工程后期资助名单正式公布，《社会蓝皮书：2015 年中国社会形势分析与预测》等 41 种皮书纳入 2015 年度"中国社会科学院创新工程学术出版资助项目"。

2015 年 11 月 9 日，社会科学文献出版社 2015 年皮书编辑出版工作会议召开，会议就皮书装帧设计、生产营销、皮书评价以及质检工作中的常见问题、皮书编辑考核等进行交流和讨论，明确了 2016 年出版社皮书研创出版工作的重点。

2016 年 1 月 27～28 日，2015 年版皮书评价（复评）会暨第七届优秀皮书报告奖初评会在京召开。相关学科专家学者、核心期刊资深编辑、资深媒体人等 31 位评委参加。依据《皮书评价办法》《皮书评奖办法》的相关规定，按照同行评审的要求，评委根据自身学科方向分组，本着科学、客观、公正的原则，对 2015 年出版的 310 本皮书进行了内容评价的复评，并对各皮书课题组申报第七届优秀皮书奖的 470 篇报告进行了初评。中国社会科学院科研局马援局长、社会科学文献出版社谢寿光社长出席评审会并讲话，社会科学文献出版社副总编辑蔡继辉主持评审会。

2016 年 4 月 20 日，第四届皮书学术评审委员会成立仪式暨第七届优秀皮书奖终评会在社会科学文献出版社蓝厅召开。第四届皮书学术评审委员会近 30 位委员参加了本次会议。中国社会科学院副院长蔡昉出席会议并讲话。会议分别由中国社会科学院科研局局长马援、社会科学文献出版社社长谢寿光、中国社会科学院科研局副局长张国春主持。会议举行了第四届皮书学术评审委员会成立仪式。经分学科评审和大会汇评，最终匿名投票评选出第七届"优秀皮书奖"和"优秀皮书报告奖"书目。此外，皮书学术评审委员会还根据《中国社会科学院皮书管理办法》，审议并投票评选出2016年纳入中国社会科学院创新工程项目的皮书和2017年使用"中国社会科学院创新工程学术出版项目"标识的院外皮书。

2016年5月17日，国家新闻出版广电总局发布通知，实施《"十三五"国家重点图书、音像、电子出版物出版规划》。"皮书系列"入选"十三五"国家重点出版规划项目，皮书数据库被列入电子出版物骨干工程。

2016年5月25日，中国社会科学院2016年度纳入创新工程后期资助名单正式公布，《社会蓝皮书：2016年中国社会形势分析与预测》等41种皮书纳入2016年度"中国社会科学院创新工程学术出版资助项目"。

第六届"优秀皮书奖""优秀皮书报告奖"获奖名单

第六届"优秀皮书奖"获奖名单

（按丛书名拼音排序）

第六届"优秀皮书奖"获奖名单（一等奖）

序号	丛书名	书名	主编	研创单位
1	北京蓝皮书	《北京公共服务发展报告（2013~2014）》	施昌奎	北京市社会科学院
2	法治蓝皮书	《中国法治发展报告No.12（2014）》	李林、田禾	中国社会科学院法学研究所
3	河南蓝皮书	《河南经济发展报告（2014）》	喻新安	河南省社会科学院
4	京津冀蓝皮书	《京津冀发展报告（2014）》	文魁、祝尔娟	首都经济贸易大学
5	美国蓝皮书	《美国研究报告（2014）》	黄平、郑秉文	中国社会科学院美国研究所
6	社会蓝皮书	《2014年中国社会形势分析与预测》	李培林、陈光金、张翼	中国社会科学院社会学研究所

序号	丛书名	书名	主编	研创单位
7	世界经济黄皮书	《2014年世界经济形势分析与预测》	王洛林、张宇燕	中国社会科学院世界经济与政治研究所
8	新媒体蓝皮书	《中国新媒体发展报告No.5(2014)》	唐绪军	中国社会科学院新闻所

第六届"优秀皮书奖"获奖名单(二等奖)

序号	丛书名	书名	主编	研创单位
1	G20国家创新竞争力黄皮书	《二十国集团(G20)国家创新竞争力发展报告(2013~2014)》	李建平、李闽榕、赵新力	福建师范大学
2	北京蓝皮书	《北京经济发展报告(2013~2014)》	杨松	北京市社会科学院
3	反腐倡廉蓝皮书	《中国反腐倡廉建设报告No.4》	李秋芳、张英伟	中国社会科学院中国廉政研究中心
4	房地产蓝皮书	《中国房地产发展报告No.11(2014)》	魏后凯、李景国	中国社会科学院城市发展与环境研究所
5	广州蓝皮书	《2014年中国广州社会形势分析与预测》	张强、陈怡霓、杨秦	广州大学
6	经济蓝皮书	《2014年中国经济形势分析与预测》	李扬	中国社会科学院经济学部(数技经所)
7	拉美黄皮书	《拉丁美洲和加勒比发展报告(2013~2014)》	吴白乙	中国社会科学院拉丁美洲研究所
8	人权蓝皮书	《中国人权事业发展报告No.4(2014)》	李君如	中国人权研究会
9	日本经济蓝皮书	《日本经济与中日经贸关系研究报告(2014)》	王洛林、张季风	中国社会科学院日本研究所

续表

序号	丛书名	书名	主编	研创单位
10	陕西蓝皮书	《陕西经济发展报告（2014）》	任宗哲、石英、裴成荣	陕西省社会科学院
11	生态城市绿皮书	《中国生态城市建设发展报告（2014）》	刘举科、孙伟平、胡文臻	中国社会科学院社会发展研究中心、甘肃省城市发展研究院、兰州城市学院
12	移动互联网蓝皮书	《中国移动互联网发展报告（2014）》	官建文	人民网研究院

第六届"优秀皮书奖"获奖名单（三等奖）

序号	丛书名	书名	主编	研创单位
1	北京蓝皮书	《北京文化发展报告（2013~2014）》	李建盛	北京市社会科学院
2	俄罗斯黄皮书	《俄罗斯发展报告（2014）》	李永全	中国社会科学院俄罗斯东欧中亚研究所
3	公共服务蓝皮书	《中国城市基本公共服务力评价（2014）》	钟君、吴正杲	中国社会科学院马克思主义研究院
4	广州蓝皮书	《中国广州文化发展报告（2014）》	徐俊忠、陆志强、顾涧清	广州大学
5	广州蓝皮书	《广州经济发展报告（2014）》	李江涛、朱名宏	广州社会科学院
6	国际城市蓝皮书	《国际城市发展报告（2014）》	屠启宇	上海社会科学院
7	国际形势黄皮书	《全球政治与安全报告（2014）》	李慎明、张宇燕	中国社会科学院世界经济与政治研究所

续表

序号	丛书名	书名	主编	研创单位
8	黑龙江蓝皮书	《黑龙江社会发展报告（2014）》	艾书琴	黑龙江省社会科学院
9	黑龙江蓝皮书	《黑龙江经济发展报告（2014）》	张新颖	黑龙江省社会科学院
10	教育蓝皮书	《中国教育发展报告（2014）》	杨东平	21世纪教育发展研究院
11	金融蓝皮书	《中国金融发展报告（2014）》	李扬、王国刚	中国社会科学院金融所
12	旅游绿皮书	《2013～2014年中国旅游发展分析与预测》	宋瑞	中国社会科学院财经战略研究院
13	农村绿皮书	《中国农村经济形势分析与预测（2013～2014）》	中国社会科学院农村发展研究所、国家统计局农村社会经济调查司著	中国社会科学院农村发展研究所、国家统计局农村社会经济调查司
14	上海蓝皮书	《上海法治发展报告（2014）》	叶青	上海社会科学院
15	上海蓝皮书	《上海经济发展报告（2014）》	沈开艳	上海社会科学院
16	生态文明绿皮书	《中国省域生态文明建设评价报告（ECI 2014）》	严耕	北京林业大学
17	西部蓝皮书	《中国西部发展报告（2014）》	姚慧琴、徐璋勇	西北大学中国西部经济发展研究中心

第六届"优秀皮书报告奖"获奖名单

（按报告名拼音排序）

第六届"优秀皮书报告奖"获奖名单（一等奖）

序号	报告名称	报告作者	报告作者单位	所属皮书
1	《2013～2014年中国民营经济分析报告》	全国工商联研究室课题组	中华全国工商业联合会	《民营经济蓝皮书：中国民营经济发展报告No.11（2013～2014）》
2	《TFP和劳动生产率冲击：中国宏观经济经验事实与长期增长》	中国经济增长前沿课题组	中国社会科学院经济研究所	《经济蓝皮书夏季号：中国经济增长报告（2013～2014）》
3	《城市化率达到50%以后：拉美国家的经济、社会和政治转型》	谢文泽	中国社会科学院拉丁美洲研究所	《拉美黄皮书：拉丁美洲和加勒比发展报告（2013～2014）》
4	《国际人才在中国流动的壁垒与突破》	王辉耀、郑金连、邓莹	中国与全球化智库	《国际人才蓝皮书：中国国际移民报告（2014）》
5	《上海创新转型发展指标体系的构建与实证分析》	雷新军、李凌	上海社会科学院	《上海蓝皮书：上海经济发展报告（2014）》
6	《在深化改革中增强社会发展活力》	卢汉龙、周海旺	上海社会科学院	《上海蓝皮书：上海社会发展报告（2014）》
7	《中国党风廉政建设和反腐败工作取得重大进展》	中国社会科学院中国廉政研究中心课题组	中国社会科学院中国廉政研究中心	《反腐倡廉蓝皮书：中国反腐倡廉建设报告No.4》
8	《中国文化产业年度形势分析》	《中国文化产业年度形势分析》总报告课题组	中国社会科学院文化研究中心等	《文化蓝皮书：中国文化产业发展报告（2014）》

注：句首为标点符号、阿拉伯数字的排前。

第六届"优秀皮书报告奖"获奖名单（二等奖）

序号	报告名称	报告作者	报告作者单位	所属皮书
1	《2013 年中国网络舆情年度报告》	上海交通大学舆情研究实验室	上海交通大学	《舆情蓝皮书：中国社会舆情与危机管理报告（2014）》
2	《2013 年中国文化发展报告》	强以华、卿菁、徐弢	湖北大学	《文化建设蓝皮书：中国文化发展报告（2014）》
3	《2013 年中国资产管理行业发展分析与展望》	张胜男、沈修远	智信资产管理研究院	《资产管理蓝皮书：中国资产管理行业发展报告（2014）》
4	《安徽社会阶层结构的现状与发展趋势》	姚德薇	安徽大学	《安徽蓝皮书：安徽社会发展报告（2014）》
5	《德国的"重新崛起"及其影响》	赵柯	中共中央党校	《德国蓝皮书：德国发展报告（2014）》
6	《贵州省中小企业知识产权质押融资法律问题研究》	贾梦嫣	贵州省社会科学院	《贵州蓝皮书：贵州法治发展报告（2014）》
7	《海外华商财富变化趋势研究》	饶志明	华侨大学	《华侨华人蓝皮书：华侨华人研究报告（2014）》
8	《河南省城镇化质量评价报告（2013）》	河南省社会科学院课题组	河南省社会科学院	《河南蓝皮书：河南城市发展报告（2014）》
9	《盘点中欧战略伙伴关系（2003～2013）》	周弘	中国社会科学院欧洲研究所	《中欧关系蓝皮书：中欧关系研究报告（2014）》
10	《社会文化价值观与社会现状感知》	高文珺、杨宜音、王俊秀	中国社会科学院社会学研究所	《社会心态蓝皮书：中国社会心态研究报告（2014）》
11	《天津金融发展指数（2013）》	王爱俭、吴敬、林文浩	天津财经大学	《天津金融蓝皮书：天津金融发展报告（2014）》

续表

序号	报告名称	报告作者	报告作者单位	所属皮书
12	《长江中游城市群发展现状与一体化推进对策》	秦尊文、张静、路洪卫	湖北省社会科学院	《中三角蓝皮书:长江中游城市群发展报告（2013～2014）》
13	《中国制造业的竞争力》	张其仔	中国社会科学院工业经济研究所	《产业蓝皮书:中国产业竞争力报告（2014）No. 4》

注：句首为标点符号、阿拉伯数字的排前。

第六届"优秀皮书报告奖"获奖名单（三等奖）

序号	报告名称	报告作者	报告作者单位	所属皮书
1	《2013年的美国内政外交与中美关系》	2014年《美国研究报告》总报告撰写组	中国社会科学院美国研究所	《美国蓝皮书:美国研究报告（2014）》
2	《2013年幸福感调查报告——基于中国11个中心城市的调查》	上海交通大学舆情研究实验室社会调查中心	上海交通大学	《民调蓝皮书:中国民生调查报告（2014）》
3	《把权力关进制度的笼子里》	张志华、无极	内蒙古社会科学院	《内蒙古蓝皮书:内蒙古反腐倡廉建设报告No. 1》
4	《吉林省家庭农场发展问题研究》	张磊	吉林省社会科学院	《吉林蓝皮书:2014年吉林经济社会形势分析与预测》
5	《加快提升广东原始创新能力的对策研究》	广州大学广州发展研究院课题组	广州大学	《广州蓝皮书:中国广州科技和信息化发展报告（2014）》
6	《家政工调研项目》	张琳	西南大学	《中国农村妇女发展蓝皮书:农村流动女性城市生活发展报告（2014）》

续表

序号	报告名称	报告作者	报告作者单位	所属皮书
7	《科技背景下文化产业的业态裂变与跨界融合》	李凤亮、宗祖盼	深圳大学	《文化科技蓝皮书:文化科技创新发展报告(2014)》
8	《老龄服务业发展报告》	王莉莉、杨晓奇	中国老龄科学研究中心	《老龄蓝皮书:中国老龄产业发展报告(2014)》
9	《全国省域经济综合竞争力总体评价报告》	李建平、李闽榕、高燕京、黄茂兴	福建师范大学	《中国省域竞争力蓝皮书:"十二五"中期中国省域经济综合竞争力发展报告》
10	《陕西公众对"中国梦"的认知与评价调查报告》	陕西省社会科学院课题组	陕西省社会科学院	《陕西蓝皮书:陕西社会发展报告(2014)》
11	《省市形象危机应对研究报告》	中国人民大学危机管理研究中心课题组	中国人民大学	《形象危机应对蓝皮书:形象危机应对研究报告(2013~2014)》
12	《四川外资企业社会责任报告》	张雪梅、韩彦芳、颜鸿钰	四川省社会科学院	《四川蓝皮书:四川企业社会责任研究报告(2013~2014)》
13	《皖江城市带承接产业转移示范区建设报告》	皖江城市带承接产业转移示范区建设报告课题组	安徽省区域合作与交流协会、安徽省社会科学院	《安徽经济蓝皮书:皖江城市带承接产业转移示范区建设报告(2014)》
14	《以敦煌为核心的河西走廊文化生态区建设研究》	巨虹	甘肃省社会科学院	《甘肃蓝皮书:甘肃文化发展分析与预测(2014)》
15	《中东地区安全形势分析》	王林聪	中国社会科学院西亚非洲研究所	《中东黄皮书:中东发展报告 No.16(2013~2014)》

续表

序号	报告名称	报告作者	报告作者单位	所属皮书
16	《中国降水资源概况与水安全战略》	郑国光、宋连春、高荣、李修仓	中国气象局	《气候变化绿皮书：应对气候变化报告（2014）》
17	《中国金融中心城市发展综述》	王力	中国博士后特华科研工作站、中国社会科学院金融研究所	《金融蓝皮书：中国金融中心发展报告（2013～2014）》
18	《中国批发市场发展报告》	王雪峰	中国社会科学院财经战略研究院	《流通蓝皮书：中国商业发展报告（2013～2014）》
19	《中国社会办医融资需求及实现路径》	2014年度中国社会办医投融资专题研究项目组	中国医院协会民营医院管理分会	《民营医院蓝皮书：中国民营医院发展报告（2014）》

注：句首为标点符号、阿拉伯数字的排前。

第七届"优秀皮书奖""优秀皮书报告奖"获奖名单

第七届"优秀皮书奖"获奖名单

（按丛书名拼音排序）

第七届"优秀皮书奖"获奖名单（一等奖）

序号	丛书名	书名	主编	研创单位
1	北京蓝皮书	《北京公共服务发展报告（2014~2015）》	施昌奎	北京市社会科学院
2	法治蓝皮书	《中国法治发展报告 No.13（2015）》	李林、田禾	中国社会科学院法学研究所
3	河南蓝皮书	《河南经济发展报告（2015）》	喻新安	河南省社会科学院
4	经济蓝皮书	《2015年中国经济形势分析与预测》	李扬	中国社会科学院数量经济与技术经济研究所（经济学部）
5	美国蓝皮书	《美国研究报告（2015）》	郑秉文、黄平	中国社会科学院美国研究所
6	社会蓝皮书	《2015年中国社会形势分析与预测》	李培林、陈光金、张翼	中国社会科学院社会学研究所

续表

序号	丛书名	书名	主编	研创单位
7	新媒体蓝皮书	《中国新媒体发展报告 No.6(2015)》	唐绪军	中国社会科学院新闻与传播研究所
8	中国省域竞争力蓝皮书	《中国省域经济综合竞争力发展报告(2013~2014)》	李建平、李闽榕、高燕京	福建师范大学

第七届"优秀皮书奖"获奖名单（二等奖）

序号	丛书名	书名	主编	研创单位
1	北京蓝皮书	《北京经济发展报告(2014~2015)》	杨松	北京市社会科学院
2	城市蓝皮书	《中国城市发展报告 No.8》	潘家华、魏后凯	中国社会科学院城市发展与环境研究所
3	广州蓝皮书	《2015年中国广州经济形势分析与预测》	庚建设、沈奎、谢博能	广州大学
4	贵州蓝皮书	《贵州法治发展报告(2015)》	吴大华	贵州省社会科学院
5	京津冀蓝皮书	《京津冀发展报告(2015)》	文魁、祝尔娟	首都经济贸易大学
6	人口与劳动绿皮书	《中国人口与劳动问题报告 No.16》	蔡昉、张车伟	中国社会科学院人口与劳动经济研究所
7	日本蓝皮书	《日本研究报告(2015)》	李薇	中国社会科学院日本研究所
8	社会体制蓝皮书	《中国社会体制改革报告 No.3(2015)》	龚维斌	国家行政学院、北京师范大学
9	社会心态蓝皮书	《中国社会心态研究报告(2015)》	王俊秀、杨宜音	中国社会科学院社会学研究所
10	生态城市绿皮书	《中国生态城市建设发展报告(2015)》	刘举科、孙伟平、胡文臻	中国社会科学院哲学研究所、甘肃省城市发展研究院、兰州城市学院

续表

序号	丛书名	书名	主编	研创单位
11	世界经济黄皮书	《2015年世界经济形势分析与预测》	王洛林、张宇燕	中国社会科学院世界经济与政治研究所
12	亚太蓝皮书	《亚太地区发展报告（2015）》	李向阳	中国社会科学院亚太与全球战略研究院
13	移动互联网蓝皮书	《中国移动互联网发展报告（2015）》	官建文	人民网研究院

<h3 align="center">第七届"优秀皮书奖"获奖名单（三等奖）</h3>

序号	丛书名	书名	主编	研创单位
1	城市生活质量蓝皮书	《中国城市生活质量报告（2015）》	中国经济实验研究院课题组	中国经济实验研究院
2	传媒蓝皮书	《中国传媒产业发展报告（2015）》	崔保国	清华大学
3	德国蓝皮书	《德国发展报告（2015）》	郑春荣、伍慧萍	同济大学
4	公共服务蓝皮书	《中国城市基本公共服务力评价（2015）》	钟君、吴正杲	中国社会科学院马克思主义研究院
5	广州蓝皮书	《中国广州文化发展报告（2015）》	徐俊忠、陆志强、顾涧清	广州大学
6	国际城市蓝皮书	《国际城市发展报告（2015）》	屠启宇	上海社会科学院
7	河南蓝皮书	《2015年河南社会形势分析与预测》	刘道兴、牛苏林	河南省社会科学院
8	金融蓝皮书	《中国金融发展报告（2015）》	李扬、王国刚	中国社会科学院金融研究所
9	辽宁蓝皮书	《2015年辽宁经济社会形势分析与预测》	曹晓峰、张晶、梁启东	辽宁省社会科学院
10	农村绿皮书	《中国农村经济形势分析与预测（2014~2015）》	中国社会科学院农村发展研究所、国家统计局农村社会经济调查司著	中国社会科学院农村发展研究所、国家统计局农村社会经济调查司

292

续表

序号	丛书名	书名	主编	研创单位
11	女性生活蓝皮书	《中国女性生活状况报告 No.9（2015）》	韩湘景	《中国妇女》杂志社
12	企业社会责任蓝皮书	《中国企业社会责任研究报告（2015）》	黄群慧、钟宏武、张蒽等著	中国社会科学院企业社会责任研究中心
13	日本经济蓝皮书	《日本经济与中日经贸关系研究报告（2015）》	王洛林、张季风	中国社会科学院日本研究所
14	上海蓝皮书	《上海社会发展报告（2015）》	杨雄、周海旺	上海社会科学院
15	温州蓝皮书	《2015年温州经济社会形势分析与预测》	潘忠强、王春光、金浩	中共温州市委党校
16	西部蓝皮书	《中国西部发展报告（2015）》	姚慧琴、徐璋勇	西北大学中国西部经济研究中心
17	新能源汽车蓝皮书	《中国新能源汽车产业发展报告（2015）》	中国汽车技术研究中心、日产（中国）投资有限公司、东风汽车有限公司编著	中国汽车技术研究中心、日产（中国）投资有限公司、东风汽车有限公司

第七届"优秀皮书报告奖"获奖名单

（按报告名拼音排序）

第七届"优秀皮书报告奖"获奖名单（一等奖）

序号	报告名称	报告作者	报告作者单位	所属皮书
1	《"十三五"时期中国人口发展战略研究》	张车伟、林宝、杨舸	中国社会科学院人口与劳动经济研究所	《人口与劳动绿皮书：中国人口与劳动问题报告 No.16》

续表

序号	报告名称	报告作者	报告作者单位	所属皮书
2	《2014～2015 年湖南省城乡一体化发展报告》	陈文胜、刘祚祥、邝奕轩	湖南省社会科学院、长沙理工大学	《湖南蓝皮书:湖南城乡一体化发展报告(2014～2015)》
3	《2015 年养老产业发展趋势与投资机会分析》	易善策、杨明辉	建投控股有限责任公司	《投资蓝皮书:中国投资发展报告(2015)》
4	《党风廉政建设和反腐败斗争改变着政治生态》	中国社会科学院中国廉政研究中心课题组	中国社会科学院中国廉政研究中心	《反腐倡廉蓝皮书:中国反腐倡廉建设报告No.5》
5	《广州青年就业发展研究报告》	孙慧	广州市穗港澳青少年研究所	《广州蓝皮书:广州青年发展报告(2014～2015)》
6	《坚持和强化首都核心智能,加强全国文化中心建设》	李建盛	北京市社会科学院	《北京蓝皮书:北京文化发展报告(2014～2015)》
7	《美国再平衡战略的实施及新挑战》	周琪	清华大学国家战略研究院	《美国蓝皮书:美国研究报告(2015)》
8	《中国社会朝着更加注重质量提升的导向迈进——2014～2015 年中国社会形势分析与预测》	中国社会科学院"社会形势分析与预测"课题组 陈光金执笔	中国社会科学院社会学研究所	《社会蓝皮书:2015 年中国社会形势分析与预测》

注:句首为标点符号、阿拉伯数字的排前。

第七届"优秀皮书报告奖"获奖名单（二等奖）

序号	报告名称	报告作者	报告作者单位	所属皮书
1	《2006～2014年中国少数民族非物质文化遗产发展的成就、问题及未来发展对策》	肖远平、柴立、王伟杰	贵州民族大学、贵州宏宇健康产业集团（筹）股份有限公司	《少数民族非遗蓝皮书:中国少数民族非物质文化遗产发展报告（2015）》
2	《2014～2015年安徽社会形势分析与预测》	范和生、方伟	安徽大学	《安徽蓝皮书:安徽社会发展报告（2015）》
3	《2014～2015年西北地区经济社会发展形势分析与预测》	苏海红、丁忠兵	青海省社会科学院、重庆市社会科学院	《西北蓝皮书:中国西北发展报告（2015）》
4	《2014年俄罗斯政治形势分析》	庞大鹏	中国社会科学院俄罗斯东欧中亚研究所	《俄罗斯黄皮书:俄罗斯发展报告（2015）》
5	《宏观经济紧缩的财政制度基础》	付敏杰	中国社会科学院财经战略研究院	《经济蓝皮书夏季号:中国经济增长报告（2014～2015）》
6	《农民工城市融入的心理适应研究》	李远行	中央财经大学	《健康城市蓝皮书:北京健康城市建设研究报告（2015）》
7	《全球化时代中国留学发展现状及加快发展来华留学的建议》	王辉耀、苗绿、郑金连	中国与全球化智库	《国际人才蓝皮书:中国留学发展报告（2015）No.4》

序号	报告名称	报告作者	报告作者单位	所属皮书
8	《四川省城镇化发展测度和前景展望》	"四川省城镇化发展测度和前景展望"课题组	四川省社会科学院	《四川蓝皮书:四川城镇化发展报告(2015)》
9	《泰国新生代华裔的国家认同与文化认同研究》	沈玲	华侨大学	《华侨华人蓝皮书:华侨华人研究报告(2015)》
10	《中国杜仲橡胶资源培育与产业发展报告》	叶智、孙伟平、朱延春、杜红岩、胡文臻、俞锐	中国林业科学研究院、中国社会科学院社会发展研究中心、国防大学、上海华仲檀成杜仲种值科技开发有限责任公司	《杜仲产业绿皮书:中国杜仲橡胶资源与产业发展报告(2014~2015)》
11	《中国连片特困区城镇化进程、趋势与发展思路》	游俊、冷志明、丁建军	吉首大学	《连片特困区蓝皮书:中国连片特困区发展报告(2014~2015)》
12	《中国企业绿色发展现状评价与展望》	《中国企业绿色发展报告No.1(2015)》总报告编写组	中国社会科学院城市发展与环境研究所、中社科(北京)城乡规划设计研究院、新华社《经济参考报》、绿色资本网	《企业蓝皮书:中国企业绿色发展报告No.1(2015)》
13	《转型升级:中非经贸合作的演进与展望》	郝睿	中非发展基金	《非洲黄皮书:非洲发展报告No.17(2014~2015)》

注:句首为标点符号、阿拉伯数字的排前。

第七届"优秀皮书报告奖"获奖名单（三等奖）

序号	报告名称	报告作者	报告作者单位	所属皮书
1	《"十三五"时期城镇职工基本养老保险制度的发展研究》	杨俊	中国人民大学	《社会保障绿皮书：中国社会保障发展报告（2015）No.7》
2	《"伊斯兰国"问题与其地区影响》	魏亮	中国社会科学院西亚非洲研究所	《中东黄皮书：中东发展报告 No.17（2014～2015）》
3	《〈2015年中国高职高专生就业报告〉主要结论》	麦可思研究院课题组	麦可思研究院	《就业蓝皮书：2015年中国高职高专生就业报告》
4	《2014～2015年中国城市创新能力总体评价》	冯立果、李素云	中国城市发展研究会	《城市创新蓝皮书：中国城市创新报告（2015）》
5	《2014年综合民生调查报告》	上海交通大学舆情研究实验室社会调查中心课题组	上海交通大学	《民调蓝皮书：中国民生调查报告（2015）》
6	《2015年英国大选与保守党新政府内外政策走向》	"英国大选及其影响"课题组	北京外国语大学	《英国蓝皮书：英国发展报告（2014～2015）》
7	《河南新型城镇化的改革与发展——2014～2015年河南新型城镇化发展形势分析与展望》	河南省社会科学院课题组	河南省社会科学院	《河南蓝皮书：河南城市发展报告（2015）》
8	《农产品对外贸易发展及其特点》	翁鸣	中国社会科学院农村发展研究所	《农村绿皮书：中国农村经济形势分析与预测（2014～2015）》

续表

序号	报告名称	报告作者	报告作者单位	所属皮书
9	《浦东新区综合配套改革试点中的政府职能转变情况评估》	叶青、沈开艳、彭辉、邓少岭、于琼	上海社会科学院	《浦东新区蓝皮书：上海浦东经济发展报告（2015）》
10	《陕西公众传统文化认知状况调查报告》	陕西省社会科学院课题组	陕西省社会科学院	《陕西蓝皮书：陕西社会发展报告（2015）》
11	《四川省生态建设基本态势》	李晟之、杜婵	四川省社会科学院	《四川蓝皮书：四川生态建设报告（2015）》
12	《新常态 新转型——2015年经济展望与上市公司价值创造》	张平、张鹏、张磊、王习	中国社会科学院经济研究所、中国社会科学院上市公司研究中心	《中国上市公司蓝皮书：中国上市公司发展报告（2015）》
13	《新常态下的社会体制改革—2014~2015年黑龙江省社会形势分析与预测》	王爱丽	黑龙江省社会科学院	《黑龙江蓝皮书：黑龙江社会发展报告（2015）》
14	《新常态下新定位，谱写首都社会建设与社会治理新篇章—2014年北京社会建设实践的分析与总结》	北京工业大学"北京社会建设分析报告"课题组	北京工业大学	《社会建设蓝皮书：2015年北京社会建设分析报告》
15	《新媒体社会责任现状考察与经验梳理》	钟瑛、芦何秋、李秋华	华中科技大学	《新媒体社会责任蓝皮书：中国新媒体社会责任研究报告（2015）》
16	《中国经济新常态下深化长三角一体化的思路与对策》	王庆五、章寿荣	江苏省社会科学院	《长三角蓝皮书：2015年新常态下深化一体化的长三角》

续表

序号	报告名称	报告作者	报告作者单位	所属皮书
17	《〈中国媒介与女性发展报告（2013～2014)〉总报告》	刘利群、陈志娟	中华女子学院、中国传媒大学	《媒介与女性蓝皮书：中国媒介与女性发展报告（2013～2014)》
18	中国区域创新能力的综合分析	陈钰芬	浙江工商大学	《国家创新蓝皮书：中国创新发展报告（2015)》

注：句首为标点符号、阿拉伯数字的排前。

2015年版皮书综合评价前100位书目

经济类（20种）

综合排名	分类排名	丛书名	书名	研创单位	内容质量得分（70%）				社会影响力得分（30%）				综合得分
					内容原始得分	加分项	内容重复率		媒体影响力（20%）	下载率（5%）	品牌贡献度（5%）		
4	1	中国省域经济竞争力蓝皮书	《中国省域经济综合竞争力报告（2013～2014）》	福建师范大学	90.5	5	0	66.9	18	5	4	27	93.9
4	1	经济蓝皮书	《2015年中国经济形势分析与预测》	中国社会科学院数量经济与技术经济研究所（经济学部）	92.5	3	-2	65.5	18.4	5	5	28.4	93.9
6	3	京津冀蓝皮书	《京津冀发展报告（2015）》	首都经济贸易大学	89	4	0	65.1	20	4	4	28	93.1

续表

综合排名	分类排名	丛书名	书名	研创单位	内容质量得分（70%）				社会影响力得分（30%）				综合得分
					内容原始得分	加分项	内容重复率		媒体影响力（20%）	下载率（5%）	品牌贡献度（5%）		
8	4	城市蓝皮书	《中国城市发展报告（No. 8）》	中国社会科学院城市发展与环境研究所	89.3	1	0	63.2	20	4	4	28	91.2
11	5	金融蓝皮书	《中国金融发展报告（2015）》	中国社会科学院金融研究所	90	0	0	63	17.8	4	5	26.8	89.8
12	6	气候变化绿皮书	《应对气候变化报告（2015）》	中国社会科学院城市发展与环境研究所	89.5	0	0	62.7	18.6	3	5	26.6	89.3
13	7	世界经济黄皮书	《2015 年世界经济形势分析与预测》	中国社会科学院世界经济与政治研究所	93	0	-4	62.3	18.4	4	4	26.4	88.7
14	8	经济蓝皮书夏季号	《中国经济增长报告（2014～2015）》	中国社会科学院经济研究所	92	3	0	66.5	18	2	2	22	88.5
31	9	全球环境竞争力绿皮书	《全球环境竞争力报告（2015）》	福建师范大学	90	5	0	66.5	16.8	1	1	18.8	85.3

续表

综合排名	分类排名	丛书名	书名	研创单位	内容质量得分（70%）				社会影响力得分（30%）			综合得分
					内容原始得分	加分项	内容重复率		媒体影响力（20%）	下载率（5%）	品牌贡献度（5%）	
31	9	人口与劳动绿皮书	《中国人口与劳动问题报告（No.16）》	中国社会科学院人口与劳动经济研究所	90	1	-2	62.3	18	3	2	85.3
42	11	经济蓝皮书春季号	《2015年中国经济前景分析》	中国社会科学院数量经济与技术经济研究所（经济学部）	92	0	0	64.4	12.8	3	3	83.2
54	12	国际城市蓝皮书	《国际城市发展报告（2015）》	上海社会科学院	83.1	2	0	59.6	14.7	4	3	81.3
61	13	西部蓝皮书	《中国西部经济发展报告（2015）》	西北大学中国西部经济研究中心	86.5	5	0	64.1	11.4	3	2	80.5
61	13	农村绿皮书	《中国农村经济形势分析与预测（2014~2015）》	中国社会科学院农村发展研究所、国家统计局农村社会经济调查司	85	0	0	59.5	14	3	4	80.5

续表

综合排名	分类排名	丛书名	书名	研创单位	内容质量得分（70%）				社会影响力得分（30%）				综合得分
					内容原始得分	加分项	内容重复率		媒体影响力（20%）	下载率（5%）	品牌贡献度（5%）		
65	15	东北蓝皮书	《中国东北地区发展报告（2015）》	黑龙江省社会科学院	88.9	0	0	62.2	14.2	2	2	18.2	80.4
69	16	低碳经济蓝皮书	《中国低碳经济发展报告（2015）》	日本名古屋大学	87.5	2	0	62.7	12.3	3	2	17.3	80
78	17	产业蓝皮书	《中国产业竞争力报告（2015）No.5》	中国社会科学院工业经济研究所	88	0	-4	58.8	17	2	1	20	78.8
83	18	工业化蓝皮书	《"一带一路"沿线国家工业化进程报告》	中国社会科学院工业经济研究所	82	1	0	58.1	17.2	1	2	20.2	78.3
89	19	世界旅游城市绿皮书	《世界旅游城市发展报告（2015）》	世界旅游城市联合会	83.5	2	0	59.9	14.9	0	3	17.9	77.8
98	20	就业蓝皮书	《2015年中国本科生就业报告》	麦可思研究院	85.5	2	-15	50.8	20	4	2	26	76.8

社会政法类（13 种）

综合排名	分类排名	丛书名	书名	研创单位	内容质量得分（70%）				社会影响力得分（30%）				综合得分
					内容原始得分	加分项	内容重复率		媒体影响力（20%）	下载率（5%）	品牌贡献度（5%）		
1	1	社会蓝皮书	《2015 年中国社会形势分析与预测》	中国社会科学院社会学研究所	92	5	0	67.9	20	5	5	30	97.9
2	2	法治蓝皮书	《中国法治发展报告（No.13·2015）》	中国社会科学院法学研究所	93	5	0	68.6	20	4	5	29	97.6
7	3	社会心态蓝皮书	《中国社会心态研究报告（2015）》	中国社会科学院社会学研究所	91	5	0	67.2	19.6	3	2	24.6	91.8
19	4	公共服务蓝皮书	《中国城市基本公共服务力评价（2015）》	中国社会科学院马克思主义研究院	89	3	0	64.4	18	3	2	23	87.4
19	4	国际人才蓝皮书	《中国留学发展报告（No.4·2015）》	中国与全球化智库	90	2	0	64.4	18	3	2	23	87.4

续表

综合排名	分类排名	丛书名	书名	研创单位	内容质量得分（70%）				社会影响力得分（30%）				综合得分
					内容原始得分	加分项	内容重复率		媒体影响力（20%）	下载率（5%）	品牌贡献度（5%）		
27	6	生态城市绿皮书	《中国生态城市建设发展报告（2015）》	中国社会科学院哲学研究所、甘肃省城市发展研究院、兰州城市学院	88	5	0	65.1	16.4	3	2	21.4	86.5
27	6	连片特困区蓝皮书	《中国连片特困区发展报告（2014～2015）》	吉首大学	90.5	1	0	64.1	14.4	3	5	22.4	86.5
34	8	华侨华人蓝皮书	《华侨华人研究报告（2015）》	华侨大学	83	3	0	60.2	18	2	5	25	85.2
40	9	城市生活质量蓝皮书	《中国城市生活质量报告（2015）》	中国经济实验研究院	89	5	0	65.8	12.6	3	2	17.6	83.4
41	10	教育蓝皮书	《中国教育发展报告（2015）》	21 世纪教育发展研究院	84.5	4.2	0	62.1	17.2	4	0	21.2	83.3
46	11	女性生活蓝皮书	《中国女性生活状况报告（No.9·2015）》	《中国妇女》杂志社	79.5	5	0	59.2	18.6	3	2	23.6	82.8

续表

综合排名	分类排名	丛书名	书名	研创单位	内容质量得分（70%）				社会影响力得分（30%）			综合得分
					内容原始得分	加分项	内容重复率		媒体影响力（20%）	下载率（5%）	品牌贡献度（5%）	
59	12	劳动保障蓝皮书	《中国劳动保障发展报告（2015）》	中国劳动保障科学研究院	82.2	2	0	58.9	15.8	3	3	21.8	80.7
82	13	反腐倡廉蓝皮书	《中国反腐倡廉建设报告No.5》	中国社会科学院中国廉政研究中心	77.5	0.2	0	54.4	18	1	5	24	78.4

文化传媒类（7种）

综合排名	分类排名	丛书名	书名	研创单位	内容质量得分（70%）				社会影响力得分（30%）			综合得分
					内容原始得分	加分项	内容重复率		媒体影响力（20%）	下载率（5%）	品牌贡献度（5%）	
3	1	新媒体蓝皮书	《中国新媒体发展报告（No.6·2015）》	中国社会科学院新闻与传播研究所	92.5	2	0	66.2	20	5	5	30	96.2

续表

综合排名	分类排名	丛书名	书名	研创单位	内容质量得分（70%）				社会影响力得分（30%）			综合得分
					内容原始得分	加分项	内容重复率		媒体影响力（20%）	下载率（5%）	品牌贡献度（5%）	
18	2	移动互联网蓝皮书	《中国移动互联网发展报告（2015）》	人民网研究院	83.5	3	0	60.6	19	4	4	87.6
39	3	传媒蓝皮书	《中国传媒产业发展报告（2015）》	清华大学	83.5	2	0	59.9	16.8	5	2	83.7
49	4	媒体融合蓝皮书	《中国媒体融合发展报告（2015）》	北京市新闻工作者协会	80.5	0	0	56.4	15.8	5	5	82.2
61	5	新媒体社会责任蓝皮书	《中国新媒体社会责任研究报告（2015）》	华中科技大学	85	5	0	63	13.5	1	3	80.5
86	6	全球传媒蓝皮书	《全球传媒发展报告（2015）》	中国传媒大学	82	0	0	57.4	13.6	3	4	78
98	7	广电蓝皮书	《中国广播电影电视发展报告（2015）》	国家新闻出版广电总局广播影视发展研究中心	78.5	0	0	55	13.8	3	5	76.8

国际问题类（12种）

综合排名	分类排名	丛书名	书名	研创单位	内容质量得分（70%）			社会影响力得分（30%）				综合得分
					内容原始得分	加分项	内容重复率	媒体影响力（20%）	下载率（5%）	品牌贡献度（5%）		
14	1	美国蓝皮书	《美国研究报告（2015）》	中国社会科学院美国研究所	95.5	0	0	66.9	15.6	3	3	21.6	88.5
29	2	日本经济蓝皮书	《日本经济与中日经贸关系研究报告（2015）》	中国社会科学院日本研究所	93	0	0	65.1	13.6	3	4	20.6	85.7
31	3	日本蓝皮书	《日本研究报告（2015）》	中国社会科学院日本研究所	92.5	0	0	64.8	13.5	3	4	20.5	85.3
38	4	亚太蓝皮书	《亚太地区发展报告（2015）》	中国社会科学院亚太与全球战略研究院	86	0	0	60.2	15.9	4	4	23.9	84.1
52	5	公共外交蓝皮书	《中国公共外交发展报告（2015）》	中国人民大学	77	2	0	55.3	17.5	4	5	26.5	81.8
61	6	德国蓝皮书	《德国发展报告（2015）》	同济大学	87	0	0	60.9	15.6	3	1	19.6	80.5

续表

综合排名	分类排名	丛书名	书名	研创单位	内容质量得分（70%）				社会影响力得分（30%）			综合得分
					内容原始得分	加分项	内容重复率		媒体影响力（20%）	下载率（5%）	品牌贡献度（5%）	
71	7	中东黄皮书	《中东发展报告（No. 17·2014～2015）》	中国社会科学院西亚非洲研究所	88	0	0	61.6	14.1	3	1	79.7
73	8	英国蓝皮书	《英国发展报告（2014～2015）》	北京外国语大学	81	0	0	56.7	17.6	2	3	79.3
80	9	中亚黄皮书	《中亚国家发展报告（2015）》	中国社会科学院俄罗斯东欧中亚研究所	90	0	0	63	11.6	3	1	78.6
97	10	国际形势黄皮书	《全球政治与安全报告（2015）》	中国社会科学院世界经济与政治研究所	79	0	0	55.3	13.6	4	4	76.9
98	11	欧洲蓝皮书	《欧洲发展报告（2014～2015）》	中国社会科学院欧洲研究所	88	0	0	61.6	12.2	2	1	76.8
98	11	拉美黄皮书	《拉丁美洲和加勒比发展报告（2014～2015）》	中国社会科学院拉丁美洲研究所	85	0	0	59.5	11.3	3	3	76.8

行业类（19 种）

综合排名	分类排名	丛书名	书名	研创单位	内容质量得分（70%）				社会影响力得分（30%）				综合得分
					内容原始得分	加分项	内容重复率		媒体影响力（20%）	下载率（5%）	品牌贡献度（5%）		
17	1	新能源汽车蓝皮书	《中国新能源汽车产业发展报告（2015）》	中国汽车技术研究中心、日产（中国）投资有限公司、东风汽车有限公司	90.1	1	0	63.8	14.9	4	5	23.9	87.7
25	2	房地产蓝皮书	《中国房地产发展报告（No.12·2015）》	中国社会科学院城市发展与环境研究所	82.4	0	0	57.7	20	5	4	29	86.7
30	3	工业和信息化蓝皮书	《移动互联网产业发展报告（2014~2015）》	工业和信息化部电子科学技术情报研究所	84.5	0	0	59.2	16.2	5	5	26.2	85.4
42	4	企业公众透明度蓝皮书	《中国企业公众透明度报告（No.1·2014~2015）》	中国社会科学院工业经济研究所	85.5	5	0	63.4	13.8	3	3	19.8	83.2

续表

综合排名	分类排名	丛书名	书名	研创单位	内容质量得分（70%）				社会影响力得分（30%）				综合得分
					内容原始得分	加分项	内容重复率		媒体影响力（20%）	下载率（5%）	品牌贡献度（5%）		
42	4	企业社会责任蓝皮书	《中国企业社会责任研究报告（2015）》	中国社会科学院企业社会责任研究中心	86	2	0	61.6	17.6	2	2	21.6	83.2
45	6	旅游绿皮书	《2014～2015年中国旅游发展分析与预测》	中国社会科学院财经战略研究院	84.9	1	0	60.1	15	4	4	23	83.1
48	7	金融监管蓝皮书	《中国金融监管报告（2015）》	中国社会科学院金融研究所	84.5	2	0	60.6	15.1	3	4	22.1	82.7
49	8	企业国际化蓝皮书	《中国企业全球化报告（2015）》	中国与全球化智库、中国国际经济合作学会	83	1.5	0	59.2	17	4	2	23	82.2
54	9	企业公益蓝皮书	《中国企业公益研究报告（2015）》	中国社会科学院企业社会责任研究中心	84.5	5	0	62.7	14.6	1	3	18.6	81.3

续表

综合排名	分类排名	丛书名	书名	研创单位	内容质量得分（70%）				社会影响力得分（30%）				综合得分
					内容原始得分	加分项	内容重复率		媒体影响力（20%）	下载率（5%）	品牌贡献度（5%）		
65	10	企业蓝皮书	《中国企业绿色发展报告 No.1（2015）》	中国社会科学院城市发展与环境研究所	86.5	2	0	62	13.4	3	2	18.4	80.4
65	10	互联网金融蓝皮书	《中国互联网金融发展报告（2015）》	中国电子信息产业集团有限公司	78.5	0	0	55	17.4	4	4	25.4	80.4
75	12	投资蓝皮书	《中国投资发展报告（2015）》	中国建银投资有限责任公司	84	1	0	59.5	12.7	5	2	19.7	79.2
75	12	工业和信息化蓝皮书	《世界信息技术产业发展报告（2014~2015）》	工业和信息化部电子科学技术情报研究所	79.7	0	0	55.8	15.4	4	4	23.4	79.2
83	14	资产管理蓝皮书	《中国资产管理行业发展报告（2015）》	智信资产管理研究院	84	0.2	0	58.9	10.4	4	5	19.4	78.3

续表

综合排名	分类排名	丛书名	书名	研创单位	内容质量得分（70%）				社会影响力得分（30%）				综合得分
					内容原始得分	加分项	内容重复率		媒体影响力（20%）	下载率（5%）	品牌贡献度（5%）		
85	15	融资租赁蓝皮书	《中国融资租赁业发展报告（2014～2015）》	中国社会科学院金融研究所、特华博士后科研工作站	77.7	0	0	54.4	15.8	4	4	23.8	78.2
86	16	世界能源蓝皮书	《世界能源发展报告（2015）》	中国社会科学院研究生院	80.9	0	0	56.6	16.4	3	2	21.4	78
88	17	中国上市公司蓝皮书	《中国上市公司发展报告（2015）》	中国社会科学院经济研究所	86	1	0	60.9	12	3	2	17	77.9
92	18	杜仲产业绿皮书	《中国杜仲资源与产业发展报告（2014～2015）》	中国林业科学研究院经济林研究开发中心	80.5	0	0	56.4	13	3	5	21	77.4
96	19	工业和信息化蓝皮书	《世界制造业发展报告（2014～2015）》	工业和信息化部电子科学技术情报研究所	80	0	0	56	14	3	4	21	77

地方发展类（30 种）

综合排名	分类排名	丛书名	书名	研创单位	内容质量得分（70%）				社会影响力得分（30%）			综合得分
					内容原始得分	加分项	内容重复率		媒体影响力（20%）	下载率（5%）	品牌贡献度（5%）	
9	1	北京社会心态蓝皮书	《北京社会心态分析报告(2014~2015)》	北京社会心理研究所	89.5	5	0	66.2	17.8	4	3	24.8	91
10	2	河南蓝皮书	《河南经济发展报告(2015)》	河南省社会科学院	90.5	3	0	65.5	17.4	4	3	24.4	89.9
16	3	北京养老产业蓝皮书	《北京养老产业发展报告(2015)》	北京北奥会展有限公司、北京怡年老龄产业促进中心、首都经济贸易大学劳动经济学院	88	0.2	0	61.7	17.4	4	5	26.4	88.1
19	4	北京蓝皮书	《北京公共服务发展报告(2014~2015)》	北京市社会科学院	87	5	0	64.4	18	4	1	23	87.4

续表

综合排名	分类排名	丛书名	书名	研创单位	内容质量得分（70%）				社会影响力得分（30%）				综合得分
					内容原始得分	加分项	内容重复率	媒体影响力（20%）	下载率（5%）	品牌贡献度（5%）		
22	5	广州蓝皮书	《2015 年中国广州社会形势分析与预测》	广州大学	88.5	5	0	65.5	15.8	4	2	21.8	87.3
23	6	广州蓝皮书	《2015 年中国广州经济形势分析与预测》	广州大学	92	3	0	66.5	14.6	4	2	20.6	87.1
24	7	安徽蓝皮书	《安徽社会发展报告（2015）》	安徽大学	93	5	0	68.6	11.4	3	4	18.4	87
25	8	河南蓝皮书	《2015 年河南社会形势分析与预测》	河南省社会科学院	89.5	5	0	66.2	13.5	4	3	20.5	86.7
35	9	四川法治蓝皮书	《四川依法治省年度报告 No.1（2015）》	中国社会科学院法学研究所	87.1	1	0	61.7	13.8	4	5	22.8	84.5
36	10	河北经济蓝皮书	《河北省经济发展报告（2015）》	河北工业大学	94	5	0	69.3	10	3	2	15	84.3

续表

综合排名	分类排名	丛书名	书名	研创单位	内容质量得分（70%）				社会影响力得分（30%）				综合得分
					内容原始得分	加分项	内容重复率		媒体影响力（20%）	下载率（5%）	品牌贡献度（5%）		
36	10	社会建设蓝皮书	《2015年北京社会建设分析报告》	北京工业大学	82.6	5	0	61.3	18	3	2	23	84.3
46	12	北京蓝皮书	《北京经济发展报告（2014~2015）》	北京市社会科学院	88.5	1	0	62.7	15.1	4	1	20.1	82.8
51	13	黑龙江蓝皮书	《黑龙江社会发展报告（2015）》	黑龙江省社会科学院	89.5	5	0	66.2	9.7	4	2	15.7	81.9
52	14	辽宁蓝皮书	《2015年辽宁经济社会形势分析与预测》	辽宁省社会科学院	89.3	1	0	63.2	13.6	4	1	18.6	81.8
56	15	温州蓝皮书	《2015年温州经济社会形势分析与预测》	中共温州市委党校	84.1	1	0	59.6	12.6	4	5	21.6	81.2
57	16	广州蓝皮书	《中国广州城市建设与管理发展报告（2015）》	广州大学	88.4	0.4	0	62.2	12.8	4	2	18.8	81

续表

综合排名	分类排名	丛书名	书名	研创单位	内容质量得分（70%）				社会影响力得分（30%）				综合得分
					内容原始得分	加分项	内容重复率		媒体影响力（20%）	下载率（5%）	品牌贡献度（5%）		
58	17	广州蓝皮书	《广州青年发展报告（2014～2015）》	广州团市委	84	5	0	62.3	12.5	3	3	18.5	80.8
59	18	广州蓝皮书	《中国广州文化发展报告（2015）》	广州大学	83.8	2	0	60.1	14.6	4	2	20.6	80.7
68	19	湖南蓝皮书	《湖南城乡一体化发展报告（2014～2015）》	湖南省社会科学院	85	3	0	61.6	12.5	3	3	18.5	80.1
69	20	健康城市蓝皮书	《北京健康城市建设研究报告（2015）》	北京健康城市建设促进会	78	5	0	58.1	12.9	4	5	21.9	80
72	21	河北蓝皮书	《河北经济社会发展报告（2015）》	河北省社会科学院	85.3	2	0	61.1	11.4	4	3	18.4	79.5
73	22	黑龙江蓝皮书	《黑龙江经济发展报告（2015）》	黑龙江省社会科学院	85.5	2	0	61.3	12	4	2	18	79.3

续表

综合排名	分类排名	丛书名	书名	研创单位	内容质量得分（70%）				社会影响力得分（30%）				综合得分
					内容原始得分	加分项	内容重复率		媒体影响力（20%）	下载率（5%）	品牌贡献度（5%）		
77	23	甘肃蓝皮书	《甘肃社会发展分析与预测（2015）》	甘肃省社会科学院	85.5	3.2	0	62.1	12	3	2	17	79.1
78	24	甘肃蓝皮书	《甘肃舆情分析与预测（2015）》	甘肃省社会科学院	84	5	0	62.3	11.5	3	2	16.5	78.8
81	25	上海蓝皮书	《上海社会发展报告（2015）》	上海社会科学院	85.4	4	0	62.6	8.9	5	2	15.9	78.5
89	26	甘肃蓝皮书	《甘肃县域社会发展评价报告（2015）》	甘肃省社会科学院	85.2	1	0	60.3	12.5	3	2	17.5	77.8
89	26	中医文化蓝皮书	《北京中医药文化传播发展报告（2015）》	北京中医药大学	83	2.2	0	59.6	12.2	3	3	18.2	77.8
92	28	上海蓝皮书	《上海法治发展报告（2015）》	上海社会科学院	80.1	4	0	58.9	12.5	4	2	18.5	77.4

续表

综合排名	分类排名	丛书名	书名	研创单位	内容质量得分（70%）				社会影响力得分（30%）				综合得分
					内容原始得分	加分项	内容重复率		媒体影响力（20%）	下载率（5%）	品牌贡献度（5%）		
92	28	贵州房地产蓝皮书	贵州房地产发展报告 No. 2（2015）	贵州财经大学	78	2	0	56	15.4	4	2	21.4	77.4
95	30	青海蓝皮书	2015 年青海经济社会形势分析与预测	青海省社会科学院	82.5	2.2	0	59.3	12	4	2	18	77.3

说明：因《拉美黄皮书：拉丁美洲和加勒比发展报告（2014~2015）》《欧洲蓝皮书：欧洲发展报告（2014~2015）》《就业蓝皮书：2015 年中国本科生就业报告》《广电蓝皮书：中国广播电影电视发展报告（2015）》并列第 98 位，前 100 位书目中实际有 101 种皮书。

图书在版编目(CIP)数据

皮书与中国话语体系建设 / 谢曙光主编. -- 北京：
社会科学文献出版社，2016.8
（皮书研究系列）
ISBN 978 - 7 - 5097 - 9475 - 3

Ⅰ.①皮… Ⅱ.①谢… Ⅲ.①社会科学 - 研究报告 -
研究 - 中国 Ⅳ.①C12

中国版本图书馆 CIP 数据核字（2016）第 169261 号

皮书研究系列（三）
皮书与中国话语体系建设

主　　编／谢曙光
副 主 编／蔡继辉　吴 丹

出 版 人／谢寿光
项目统筹／邓泳红
责任编辑／丁　凡　张艳丽　丁阿丽

出　　版／社会科学文献出版社 · 皮书出版分社（010）59367127
　　　　　　地址：北京市北三环中路甲 29 号院华龙大厦　邮编：100029
　　　　　　网址：www.ssap.com.cn
发　　行／市场营销中心（010）59367081　59367018
印　　装／北京季蜂印刷有限公司

规　　格／开　本：787mm × 1092mm　1/16
　　　　　　印　张：20.5　字　数：234 千字
版　　次／2016 年 8 月第 1 版　2016 年 8 月第 1 次印刷
书　　号／ISBN 978 - 7 - 5097 - 9475 - 3
定　　价／69.00 元

本书如有印装质量问题，请与读者服务中心（010 - 59367028）联系